Martin Kluger

AUGSBURG

Stadtführer durch 2000 Jahre Geschichte

Mit Fotos von Wolfgang B. Kleiner

INHALT

Augsburg – eine Einführung 6

Augsburg – die Römer gründeten
die „nördlichste Stadt Italiens" 8

Stadtgeschichte 12

Die wichtigsten Sehenswürdigkeiten 15

Die prominentesten Augsburger 17

Augsburger Ansichten 18

Rathaus und Perlach: Wahrzeichen
und eine Wallfahrtskirche 20

Die Prachtbrunnen: ein Kaiser,
ein Gott und ein Kraftprotz 26

Die Maximilianstraße: „Kaisermeile"
zwischen Rathaus und Ulrichskirchen 32

Im Domviertel: Bischofsresidenz,
Römersteine und das Mozarthaus 40

Handwerkeraltstadt: viele Kanäle
und mehr Brücken als Venedig 48

Das Ulrichsviertel: Altstadtidyll
zwischen Wällen und Wassertürmen 56

Ein Stadtmauer-Spaziergang:
mal Mauer, mal Wall, mal Wasser 64

Augsburger Spuren 72

Fuggerstadt Augsburg – vom
Dürer-Porträt bis zur Fuggerei 74

Ein Geburtshaus, viele Erinnerungen:
die deutsche Mozartstadt Augsburg 84

Bert Brecht und sein Augsburg:
die Spuren des großen Schriftstellers 90

Augsburger Facetten 96

In die Museen – zu Holzköpfen und Fuggern,
Silberschätzen und Römern 98

Luthers Spuren, Reformationsstadt
und das einmalige Friedensfest 108

Von Barockzwergen zu Japangärten:
Augsburgs vergoldetes Grün 114

Die Architekturstadt: Elias Holl,
Fabrikschlösser und Jugendstilperlen 120

DIE THEMEN

Tipps für Gäste **128**

Übernachten: von Mohren, Mozart,
einem „Maiskolben" und mehr 130

Essen und Trinken: schwäbische Spätzle
und bayerische Biergärten 136

Shopping: Altstadt, Antiquitäten,
Appetitmacher und allerlei anderes 142

Wohin am Abend? Von Kurhaus,
Kinos, Kneipen und Kabarett 148

Was wann passiert – zu Plärrer,
Turamichele und Christkindlesmarkt 152

Mit Kindern: von der weltberühmten
Puppenkiste bis zur Western-City 156

Augsburgs Umland **160**

Wittelsbacher Land: die Stammburg,
das Sisi-Schloss und der Spargel 162

Augsburger Land: Römer und Fugger,
die Mozarts und ein Naturpark 170

Ferienstraßen **176**

Weltberühmte Romantische Straße:
die „Perle" Augsburg im Mittelpunkt 178

Via Claudia Augusta: Natur und
Kultur entlang der Römerstraße 182

Die Sisi-Straße – von Augsburg aus
auf den Wegen der Kaiserin Elisabeth 184

Was Sie noch wissen sollten **188**

Bildnachweis 188

Impressum 190

1 AUGSBURG

EINE EINFÜHRUNG

Augsburg – das bedeutet: Römer und Renaissance, die Fugger und die Mozarts, Bert Brecht und Rudolf Diesel, die Augsburger Puppenkiste und die Fuggerei, das Rathaus und der Dom, die Maximilianstraße und die Prachtbrunnen. In Augsburg entdeckt man die Sehenswürdigkeiten und die glanzvolle Geschichte einer 2000 Jahre alten Stadt, deren Pracht schon im Mittelalter sprichwörtlich war.

AUGSBURG

Augsburg – die Römer gründeten die „nördlichste Stadt Italiens"

Gern bezeichnet sich die nahe Weltstadt München als die „nördlichste Stadt Italiens". Bei dieser Behauptung muss man in Augsburg aber doch ein bisschen lächeln. Schließlich wurde das mehr als tausend Jahre ältere Augsburg von den Römern gegründet. Die Renaissancebauten und Prachtbrunnen versetzen Besucher Augsburgs auch optisch in das Land südlich der Alpen. Überhaupt spielt der Süden eine wichtige Rolle in dieser Stadt voller Geschichte und Geschichten von Kaisern und Königen, von reichen Fuggern und Welsern, Familie Mozart, Bertolt Brecht und Rudolf Diesel.

Als die neben Trier und Kempten älteste Stadt Deutschlands wurde „Augusta Vindelicum" im Jahr 8 vor Christus von den Römern gegründet. Wenige Jahrzehnte später war die römische Militärsiedlung am Zusammenfluss von Lech und Wertach bereits die glänzende Hauptstadt der Provinz Rätien. Zwar wurde das römische Augsburg im 5. Jahrhundert durch die Alemannen zerstört – die Stadt blieb jedoch besiedelt. Schon das antike Augsburg

Bild oben: Unter Kaiser Augustus wurde Augsburg 8 vor Christus gegründet – eine der ersten Städte in Deutschland. Links: Das Grabdenkmal eines Weinhändlers im Römischen Museum.

EINE EINFÜHRUNG

war Bischofssitz, um 738 ist wieder ein Bischof historisch gesichert.

Erst 955 rückte Augsburg erneut in das Rampenlicht der Geschichte, als Bischof Ulrich die Stadt erfolgreich gegen die Ungarn verteidigte und die Angreifer bei der epochalen Schlacht auf dem nahen Lechfeld geschlagen wurden. Etliche Kaiser und Könige hielten in den folgenden

Jakob Fugger stiftete 1521 die heute älteste bestehende Sozialsiedlung der Welt – die Fuggerei. Ihre Bewohner bezahlen nur 0,88 Euro Miete – und zwar jährlich.

Leopold Mozart, der Vater und Musiklehrer von Wolfgang Amadé Mozart, wurde 1719 in Augsburg geboren. Im Geburtshaus, heute eine Gedenkstätte, findet man auch seinen genialen Sohn.

1 AUGSBURG

TIPPS

Infos für Gäste: Auskünfte und Broschüren erhält man bei der Regio Augsburg Tourismus GmbH, Schießgrabenstraße 14, 86150 Augsburg, Telefon 08 21/5 02 07-0 oder im Web (www.augsburg-tourismus.de). Die Tourist-Information der Regio findet man ab Frühjahr 2009 am Augsburger Rathausplatz (bis Frühjahr 2009 in der Maximilianstraße 57).

Stadtführungen: „Auf den Spuren der Fugger durchs goldene Augsburg" heißt der tägliche öffentliche Stadtrundgang ab Rathaus (um 14 Uhr). Von November bis März findet diese Stadtführung jeweils nur samstags (ebenfalls um 14 Uhr) statt.

Stadtrundfahrten: „2000 Jahre Augsburg in 2 Stunden" erlebt man bei der Stadtrundfahrt ab Rathaus (von April bis Oktober, Donnerstag bis Sonntag, jeweils um 10 Uhr).

Hotelzimmer: Auskünfte bei der Regio Augsburg oder gleich online buchen (www.augsburg-tourismus.de).

Elektronische Führer: Individualgäste können sich in Augsburg von einem „i-Guide" oder dem „Handy-Guide" führen lassen. Beide sind jeweils bei der Tourist-Information erhältlich.

Lesen: Der Reiseführer „Die Fugger. Die deutschen Medici in und um Augsburg" informiert zur Fuggerei und zu zahlreichen anderen Sehenswürdigkeiten dieser Familie.

Jahrhunderten Reichs- und Hoftage in Augsburg ab. 1158 wurde übrigens beim Reichstag Kaiser Friedrich Barbarossas durch den „Augsburger Schiedsspruch" die Gründung von München beschlossen.

Durch die römische Via Claudia Augusta mit den Alpen, Tirol und Norditalien verbunden, wurde das Augsburg des späten Mittelalters (seit 1276 eine Freie Reichsstadt) durch Handel und Montangeschäfte mit dem Süden reich und sprichwörtlich prächtig. 1432 wurde die Stadt – so schrieb ein amerikanischer Journalist – zum Schauplatz „der schönsten Liebesgeschichte der Welt": Der Wittelsbacher Herzog Albrecht III. verliebte sich hier in die betörende Baderstochter Agnes Bernauer und heiratete sie heimlich. Ihr Schwiegervater ließ sie deshalb nur drei Jahre später nach einem Schauprozess als Hexe in der Donau bei Straubing ertränken.

Damals lebten die Fugger – vom Lechfeld eingewanderte Weber – schon länger als ein halbes Jahrhundert in der Stadt. Als Amerika entdeckt wurde, machten diese Fugger neben anderen Firmen die Stadt zum führenden Finanzplatz Europas. Die Fuggerhäuser mit dem Damenhof, die Fuggerkapelle in der Annakirche und die Fuggerei – die älteste Sozialsiedlung der Welt – erinnern an Jakob Fugger, der Kaiser,

Der Blick über die Maximilianstraße auf das Rathaus und den Perlachturm. Dahinter: die Türme des Doms.

EINE EINFÜHRUNG

1 AUGSBURG

STADTGESCHICHTE

8 vor Christus: Die Römer gründen Augsburg, eine der ältesten Städte Deutschlands. „Augusta Vindelicum" wird die Provinzhauptstadt Rätiens. Offiziell gibt die Stadt ihr Gründungsdatum jedoch mit 15 vor Christus an.

955: Bischof Ulrich verteidigt die Stadt vor der epochalen Schlacht auf dem Lechfeld gegen die Ungarn.

ab 994: An der Stelle des eingestürzten Vorgängerbaus entsteht der Dom.

1276: König Rudolf von Habsburg verleiht Augsburg das Stadtrecht.

1459 – 1525: Jakob Fugger wird zum Bankier der Päpste und der Kaiser. Er formt den führenden Handels-, Textil-, Finanz- und Montankonzern der Frühen Neuzeit.

1514 – 1523: Jakob Fugger errichtet und stiftet (offiziell 1521) die Fuggerei, heute die älteste bestehende Sozialsiedlung der Welt.

1530: In der bischöflichen Pfalz wird das „Augsburger Bekenntnis", die „Confessio Augustana", verlesen.

1546: Anton Fugger ist der reichste Mann seiner Epoche. Seine Finanzkraft rettet zweimal das Weltreich Kaiser Karls V.

1555: Der Reichstag regelt mit dem „Augsburger Religionsfrieden" das Verhältnis der beiden Konfessionen.

1615 – 1620: Stadtbaumeister Elias Holl errichtet das Rathaus. Weitere Renaissancebauten Holls prägen bis heute das Stadtbild.

1719: Leopold Mozart, der Vater von Wolfgang Amadé Mozart, wird im Domviertel geboren. Augsburg ist eine Kunsthauptstadt des Rokoko.

um 1740: In der Stadt mit nunmehr 30 000 Einwohnern arbeiten allein 275 Gold- und Silberschmiede. Das „Augsburger Silber" wird von vielen Höfen Europas bestellt.

1777: Wolfgang Amadé Mozart ist 15 Tage lang in der Stadt. Mit seiner Cousine, dem „Bäsle" Maria Anna Thekla Mozart, erlebt er sein erstes erotisches Abenteuer. Er schreibt ihr die berühmten „Bäsle-Briefe".

1806: Unter dem Druck Napoleons wird die Freie Reichsstadt Augsburg Teil des neuen Königreichs Bayern.

1893 – 1897: Rudolf Diesel konstruiert den nach ihm benannten Motor. Die bedeutende Industriestadt gilt als das „deutsche Manchester".

1898: Der Dichter Bertolt Brecht wird in der Handwerkeraltstadt geboren.

1940 – 1945: Mehrere Bombenangriffe verheeren die Altstadt Augsburgs.

1972: Die Kanuslalomstrecke am Eiskanal entsteht. Augsburg ist ein Austragungsort der Olympischen Sommerspiele in München.

EINE EINFÜHRUNG

Die Holzköpfe der Augsburger Puppenkiste kennt man weltweit.

Könige und Päpste finanzierte. Die Fugger und Welser handelten mit Indien, Südamerika und Afrika, den Welsern gehörte Venezuela. Jakob Fuggers Neffe und Nachfolger Anton war der reichste Mann seiner Zeit. Augsburg war aber auch ein Zentrum der Politik und des Geistes: Kaiser Maximilian I. und Karl V., Albrecht Dürer und Martin Luther haben ihre Spuren hinterlassen, und hier wurde 1530 die „Confessio Augustana", das „Augsburger Bekenntnis", verlesen.

Augsburg ist auch die „Hauptstadt der deutschen Renaissance" – was das prachtvolle Ensemble mit dem Rathaus, dem Perlachturm und dem Augustusbrunnen zeigt. Die Fuggerkapelle in der Annakirche und der Damenhof in den Fuggerhäusern an der Maximilianstraße waren nördlich der Alpen die ersten Bauten im Stil der italienischen Renaissance. Noch stärker als andere litt diese Banken- und Handelsstadt unter den Wirren des Religionsstreits und des Dreißigjährigen Kriegs. Im vormals so reichen Augsburg soll es während der Belagerungen des verheerenden Kriegs keine Hunde und Katzen mehr gegeben haben – so sehr litten die Menschen Hunger. Augsburg verlor drei Viertel seiner 40 000 Einwohner.

Zu den bald zugewanderten Neubürgern gehörten auch die Vorfahren W. A. Mozarts. Augsburg erholte sich, wenn auch langsam. Rund hundert Jahre später war die so großzügig gebaute Stadt immer noch dreimal größer als Wien (das aber bereits ein Drittel mehr Einwohner zählte). Es war die Zeit, als in der Frauentorstraße beim Dom Leopold Mozart, der Vater, Erzieher und Musiklehrer Wolfgang Amadés, geboren wurde. Ganz Europa orderte die Kunst der Gold- und Silberschmiede, deren Zahl um 1740 bis auf 275 (bei 30 000 Augsburgern) anwuchs. Nicht allein

1 AUGSBURG

Schriftsteller Bert Brecht wurde 1898 im heutigen Brechthaus geboren.

das „Augsburger Silber", sondern auch die Maler und Kupferstecher, Buchdrucker und Musiker machten Augsburg zur Kunsthauptstadt Süddeutschlands. Das Schaezlerpalais und sein Festsaal (bei der Einweihung tanzte Marie Antoinette, die Tochter Kaiserin Maria Theresias, angeblich ein paar Schuhe durch) zeigen das Rokoko, das Zeitgenossen als „Augsburger Geschmack" bemäkelten.

1806 sorgte Napoleon mit Waffengewalt dafür, dass die Freie Reichsstadt Augsburg bayerisch wurde. Und die Augsburger? Sie hatten im Zeitalter der Industriellen Revolution schon wieder die Nase vorn: Hier gründete man die erste Textilfabrik in Süddeutschland, das „deutsche Manchester" wurde zum europaweit bedeutenden Zentrum der Textil- und Maschinenbauindustrie, und hier entwickelte Ingenieur Rudolf Diesel von 1893 bis 1897 den nach ihm benannten Motor.

1898 wurde ein paar Schritte hinter dem Rathaus Eugen Berthold Friedrich Brecht geboren. „Mackie Messer" und „Mutter Courage" machten den aufsässigen Schriftsteller unter dem Namen Bertolt Brecht weltweit berühmt. Rund um den Globus bebeliebte Botschafter der Stadt sind nicht zuletzt die Marionetten der Augsburger Puppenkiste – von Jim Knopf über das Urmel bis zum Sams. Die Puppenbühne wurde kurz nach dem Zweiten Weltkrieg gegründet, in dessen Verlauf Bombenangriffe die Industriestadt stark zerstört hatten. Der Renaissance und dem sensiblen Wiederaufbau nach dem Krieg ist es zu verdanken, dass Augsburg heute als „Perle der Romantischen Straße" gilt. Fassaden und Brunnen, Plätze und Straßen geben der Stadt ihr südländisches Flair – mit Straßencafés und bayerischen Biergärten mitten in der City, mit Festivals und

EINE EINFÜHRUNG

DIE WICHTIGSTEN SEHENSWÜRDIGKEITEN

Rathaus: Das bis 1620 von Elias Holl errichtete Rathaus ist der wichtigste Renaissancebau der Stadt. Der glanzvolle Goldene Saal des Rathauses ist ein „Muss". Bei Föhn Alpenblick vom benachbarten Perlachturm.

Fuggerei: Die älteste bestehende Sozialsiedlung der Welt wurde 1521 von Jakob Fugger gestiftet. Ihre Bewohner zahlen 0,88 Euro Jahresmiete.

Römisches Museum: In der Kirche eines Dominikanerklosters sieht man Funde aus der glanzvollen römischen Provinzhauptstadt Rätiens.

Dom: Gebaut ab 995. Fünf romanische „Prophetenfenster" sind der älteste figürliche Glasmalereizyklus der Welt.

Annakirche: Die evangelische Kirche mit der Grabkapelle der katholischen Fugger ist eine Lutherstätte.

Maximilianstraße: Augsburgs Prachtstraße mit Rathaus, drei Renaissancebrunnen, den Fuggerhäusern, dem Schaezlerpalais, den Ulrichskirchen…

Ulrichsbasilika: Die zweitgrößte Kirche Augsburgs, Grabstätten der Heiligen Ulrich, Afra und Simpert.

AUGSBURG

Bei der MAN in Augsburg konstruierte Rudolf Diesel bis 1897 seinen Motor.

Stadtfesten unter freiem Himmel. Im Advent lockt der Augsburger Christkindlesmarkt – er zählt sicherlich zu den schönsten Deutschlands.

Gute Aussichten – nicht nur für die Touristen, sondern auch für Messegäste, für Tagungs- und Kongressbesucher. Augsburg bietet Platz für internationale Fachmessen und Großevents und eine Auswahl moderner wie historischer Tagungsstätten: zum Beispiel das einzigartige Kurhaus, ein „Palast aus Licht und Glas", das Tagungszentrum der Messe Augsburg und die Kongresshalle Augsburg. Die Stadt ist heute das drittgrößte Wirtschafts- und Industriezentrum Bayerns. Augsburg ist der Standort weltweit bekannter Unternehmen wie Premium Aerotec (EADS), MAN, Fujitsu Siemens, Kuka, Osram und UPM Kymmene und zudem ein bayerisches Umweltkompetenzzentrum. An der 1970 gegründeten Universität und an der Fachhochschule studieren fast 20 000 junge Menschen.

Rathaus und Perlachturm – dahinter ist einer der beiden Türme des Doms zu sehen. Augsburg war schon in der Spätantike Sitz eines Bischofs.

EINE EINFÜHRUNG

DIE PROMINENTESTEN AUGSBURGER

Jakob Fugger: Der 1459 in Augsburg geborene Kaufherr schuf den größten Wirtschaftskonzern der Frühen Neuzeit, finanzierte Kaiser und Päpste, stiftete die Fuggerei und die Fuggerkapelle und baute die Fuggerhäuser.

Leopold Mozart: Der Vater, Erzieher und Musiklehrer W. A. Mozarts wurde 1719 im Mozarthaus geboren. Leopold war Vizehofkapellmeister in Salzburg.

Bertolt Brecht: Der weltberühmte Schriftsteller wurde 1898 im Brechthaus geboren und verbrachte seine Kindheit und Jugend in Augsburg.

Elias Holl: Der 1573 geborene Renaissancebaumeister errichtete das Rathaus – und prägte die ganze Stadt.

Rudolf Diesel: Der in Paris geborene Ingenieur entwickelte seinen Motor im „deutschen Manchester" am Lech.

Bischof Ulrich: 955 rettete er bei der Schlacht auf dem Lechfeld Augsburg vor den Ungarn. Ulrich wurde später heiliggesprochen und Bistumspatron.

Augsburger Frauen: Die heilige Afra, die schöne Agnes Bernauer und die schöne Philippine Welser lebten hier.

2 AUGSBURGER ANSICHTEN

Sieben Touren führen zu Fuß durch die alte Stadt: zum Renaissancerathaus und zu den Prachtbrunnen, in das Domviertel, zu den reichen Kaufherren in der Maximilianstraße, in die Idylle der Handwerkeraltstadt oder zu den Resten der Stadtmauer. Bei diesen Stadtspaziergängen kommt man zu den meisten der großen Sehenswürdigkeiten Augsburgs.

SIEBEN STADTSPAZIERGÄNGE

2 AUGSBURGER ANSICHTEN

Rathaus und Perlach: Wahrzeichen und eine Wallfahrtskirche

Auf ihr Stadtzentrum sind die Augsburger stolz: Das Rathaus ist der bedeutendste profane Renaissancebau nördlich der Alpen. Wie der benachbarte Perlachturm ist es ein Augsburger Wahrzeichen. Im Rathaus findet man den atemberaubend schönen Goldenen Saal, auf dem Perlachturm – zumindest an Föhntagen – einen atemberaubenden Alpenblick.

Wenn die Augsburger einem Besucher imponieren wollen, führen sie ihn in den Goldenen Saal. Vor Zeiten empfing man dort Kaiser und Reichskanzler, jetzt den Bundespräsidenten oder ganz einfach die liebe Verwandtschaft. Es funktioniert bei allen: Denn der frühbarocke Goldene Saal im Renaissancerathaus zählt zu den prunkvollsten Repräsentationsräumen nördlich der Alpen.

Ursprünglich von den Mitgliedern des Rates genutzt, dient dieser Saal der Stadt Augsburg heute für Feiern und Empfänge. Besuchern steht der 32 Meter lange, mehr als 17 Meter breite und 14 Meter hohe Raum wie

Bild oben: Der Blick auf die Decke des Goldenen Saals im Renaissancerathaus. Links: Rathaus und Perlach sind Hauptwerke des Stadtbaumeisters Elias Holl.

RATHAUS UND PERLACH

das Rathaus täglich von 10 bis 18 Uhr zur Besichtigung offen. Entstanden ist der frühbarocke Repräsentationssaal erst bis 1624 – einige Jahre nach Vollendung der Rathausfassaden.

60 Fenster erhellen den Goldenen Saal mit der geschnitzten und vergoldeten Kassettendecke aus Nussbaumholz. Über 20 Deckengemälde gruppieren sich um ein zentrales

Der Blick auf die Westfassade des Rathauses und den Perlachturm. Diese Bauten und der Augustusbrunnen sind eines der bedeutendsten Renaissanceensembles in Deutschland.

Die vergoldete Holzdecke gab dem Goldenen Saal seinen Namen. An den Wänden des Saals zeigen Fresken jeweils acht große Cäsaren und christliche Kaiser.

2 AUGSBURGER ANSICHTEN

TIPPS

Alpenblick: 258 Stufen führen zur Aussichtsplattform des Perlachturms. Geöffnet ist der Turm von Ostern bis Oktober – täglich von 10 bis 18 Uhr.

Christkindlesmarkt: Im Advent findet auf dem Rathausplatz der Christkindlesmarkt statt. Nicht zuletzt wegen der romantischen Kulisse zählt er zu den stimmungsvollsten Deutschlands.

Gastro-Tipp: Der Rathausplatz ist der zentralste Biergarten Augsburgs und der mit der imposantesten Aussicht. Das Restaurant „Ratskeller" bewirtet unter anderem in der früheren Folterkammer des Rathauses.

Sport: Ein Perlachturmlauf findet jährlich am ersten Sonntag im Oktober statt. Er ist einer von deutschlandweit zwei regelmäßig ausgetragenen Treppenläufen. Die Bestzeit liegt unter 50 Sekunden.

Tradition: Seit 1616 steigt das „Turamichele" aus dem Perlachturm. Der Erzengel sticht am Michaelstag (29. September) zu den Stundenschlägen der Turmuhr auf den Teufel ein.

Tastraum: Im Unteren Fletz des Rathauses vermitteln Büsten von Jakob Fugger, Bert Brecht und Reliefs von Leopold und W. A. Mozart Blinden Augsburger Stadtgeschichte.

Tourist-Information: Die Regio Augsburg Tourismus GmbH informiert ab dem Frühjahr 2009 am Rathausplatz.

Motiv der Darstellung der Weisheit. Die ganze vor Blattgold strotzende Pracht ist eine Rekonstruktion. Im Zweiten Weltkrieg war das Rathaus 1944 bis auf die Außenmauern zerstört worden. Heute zeigen Fresken der Nordwand des Goldenen Saals wieder acht antike Herrscher, die an der Südwand acht christliche Kaiser.

Über dem Nordportal des Saals zeigt ein Barockgemälde von Johann Rottenhammer (1620) eine Allegorie der Stadt Augsburg – die Augusta – mit ihren drei Flüssen Lech, Wertach und Singold und dem Trinkwasser liefernden Brunnenbach. An den Goldenen Saal sind die vier Fürstenzimmer angegliedert: Sie waren tatsächlich zur Nutzung durch Kaiser und Kurfürsten gedacht.

Das Rathaus wurde von 1615 bis 1620 unter der Leitung des Augsburger Stadtbaumeisters Elias Holl an der Stelle des gotischen Rathauses errichtet. Ein Relikt des alten Rathauses ist das Sandsteinrelief (von 1450) an der östlichen Fassade am Elias-Holl-Platz: Zwei „Wilde Männer" halten dort das Augsburger Stadtwappen, die Zirbelnuss.

Mit dem Neubau entstand einer der wohl bedeutendsten Profanbauten der Renaissance in Deutschland. Er war einerseits die Zurschaustellung von Macht und Stärke der Freien Reichsstadt, andererseits wohl auch eine Arbeitsbeschaffungsmaßnahme für das Handwerk und für Tagelöhner. Da das Rathaus genau am Rand der Hochterrasse zwischen der Ober-

RATHAUS UND PERLACH

stadt und der Handwerkeraltstadt steht, fällt die Ostseite am Elias-Holl-Platz höher aus als die Westfassade am Rathausplatz aus. Die Westfront ist die Schauseite des Rathauses – was man an den Portalen, am Balkon und am Fassadenschmuck erkennt.

Ein „heroischeres Aussehen" – so Elias Holl – geben diesem Bau die beiden massigen Flankentürme. Den

Der Blick auf die Ostfassade des Renaissancerathauses. Weil der Bau am Rand der Hochterrasse zwischen der Oberstadt und der östlich davon gelegenen Unterstadt steht, ist er auf dieser Seite ein Stockwerk höher.

An den Vorgängerbau des Rathauses erinnert eine Sandsteintafel an der Ostfassade, auf der „Wilde Männer" das Augsburger Wappen flankieren.

2 AUGSBURGER ANSICHTEN

Der Christkindlesmarkt vor Rathaus und Perlach: Einen Weihnachtsmarkt gibt es in Augsburg seit über 500 Jahren. Der Rathausplatz entstand jedoch erst nach dem Zweiten Weltkrieg.

1182 errichtete man die romanische Bürgerkirche St. Peter am Perlach. Sie war der erste Ziegelbau Süddeutschlands. Diese kleine Kirche ist mit kostbaren Kunstwerken ausgestattet.

Reichsadler sieht man im West- wie im Ostgiebel, darüber thront je ein bronzener Pinienzapfen: Er ist das Wahrzeichen der Stadt Augsburg.

Der benachbarte – im unteren Teil romanische – Perlachturm wurde von 1614 bis 1616 von Baumeister Elias Holl auf über 70 Meter aufgestockt und passend zum Rathaus im Stil der Renaissance gestaltet. Seit

RATHAUS UND PERLACH

1985 erklingt vom Turm um 11, 12, 17 und 18 Uhr ein Glockenspiel. Einen weiten Blick über Augsburg und das Umland erlaubt die Aussichtsplattform des Perlachturms: Nach einem atemraubenden Aufstieg über 258 Stufen winkt die atemberaubende Aussicht über die Dächer der Stadt – an Föhntagen bis zu den Alpen.

An den Perlachturm angebaut wurde die Kirche St. Peter am Perlach. Die Hallenkirche war 1182 der früheste süddeutsche Ziegelbau. Damals entstand auch der sitzende romanische Weltenrichter (Ton, heute Replikat). Wandgemälde des 13. Jahrhunderts zählen zu den ältesten Augsburgs. Das gotische „Fuggerkreuz" an der Westwand ist ebenso eine Stiftung der Fugger wie das Hochaltarblatt „Christus als guter Hirte" (von 1625). Um 1700 entstand das Gnadenbild der knotenlösenden Maria: Heute ist es das Ziel einer Wallfahrt.

Der so historisch wirkende und großzügige Rathausplatz im Westen des Baukomplexes von Rathaus, Perlach und St. Peter entstand erst nach den Bombenangriffen von 1944. Er sollte nach dem Krieg erneut bebaut werden, Bürgerproteste erhielten die freie Sicht auf das Rathausensemble.

Auch der Elias-Holl-Platz östlich des Rathauses entstand spät (1882). 1968 wurde dort ein Obelisk als Denkmal für Elias Holl aufgestellt. Ein Steinrelief zeigt den großen Baumeister außerdem an der Hauswand links von der Treppe, die vom Elias-Holl-Platz zum Rathausplatz hinaufführt.

SEHENSWERT

❶ **Rathaus:** bedeutendster profaner Renaissancebau nördlich der Alpen, von 1615 bis 1620 von Stadtbaumeister Elias Holl errichtet

❷ **Goldener Saal im Rathaus:** einer der imposantesten Repräsentationsräume Deutschlands (1619 bis 1624)

❸ **Perlachturm:** Aussichtsplattform, vermutlich ab 989 erbaut, 1614/16 von Elias Holl auf über 70 Meter erhöht, seit 2008 eine Ausstellung im Turm

❹ **St. Peter am Perlach:** romanische Hallenkirche, kostbare Ausstattung, Wallfahrt zur „Maria Knotenlöserin"

❺ **Rathausplatz und Augustusbrunnen**

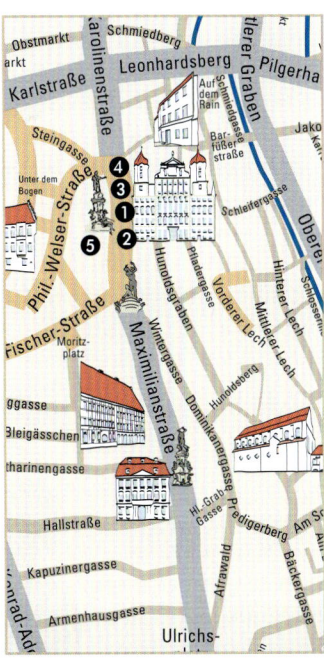

2 AUGSBURGER ANSICHTEN

Die Prachtbrunnen: ein Kaiser, ein Gott und ein Kraftprotz

Drei Augsburger Prachtbrunnen in der Maximilianstraße sind Kunstwerke von europäischem Rang. Und wenn man sonst zu gar nichts mehr Zeit hat beim Aufenthalt in der Stadt: Die Brunnen sollte man sehen. Auf dem Weg kommt man sowieso an einigen der schönsten Ansichten der Stadt vorbei.

Als das 16. Jahrhundert zu Ende ging, gönnte der Augsburger Rat seinem Stadtzentrum eine Verschönerungsmaßnahme, von deren Umfang Stadtväter von heute in der Regel nur noch träumen können. Zwischen 1588 und 1602 stellten die Augsburger drei Kunstwerke von europäischem Rang in den bis dahin freien Straßenraum. Zwei der gefragtesten Meister jener Zeit wurden beauftragt und keine Kosten gescheut.

Bild oben: Der Augustusbrunnen vor dem Rathaus. Rechts: Die Brunnenfigur des „Vater Lech", des größten der vier Augsburger Flüsse.

Den Anfang machte der Augustusbrunnen. Seine in Bronze gegossenen Skulpturen entstanden nach den Modellen des Niederländers Hubert Gerhart. Der rund zweieinhalb Meter große Kaiser und Stadtgründer auf dem Brunnensockel ist als 50-Jähriger in der Pose einer Ansprache an das Heer dargestellt. Weibliche Halbfiguren sprühen Wasser aus ihren Brüsten, die

DREI PRACHTBRUNNEN

Putti spielen mit wasserspeienden Delfinen – sie alle sind Allegorien des Überflusses.

Symbole charakterisieren die vier Flussallegorien auf dem Beckenrand. Der Lech (mit Fichtenzapfen, Wolfsfell und Ruder als Zeichen für Wald, Jagd und Flößerei) und die Wertach (mit einer Ährenkrone und einem Zahnradviertel als Hinweis auf die Allegorien von vier Gewässern sitzen auf dem Rand des Augustusbrunnens. Ihnen hat man jeweils charakteristische Attribute zugeordnet – die Figur des Brunnenbachs erkennt man am Eichenlaubkranz und am Fischernetz.

Ein Füllhorn und eine Kanne kennzeichnen die Darstellung der Singold, eines kleinen Flusses im Süden von Augsburg.

AUGSBURGER ANSICHTEN

Merkur – der Gott der Kaufleute – und der geflügelte Liebesgott Amor auf dem Brunnenpfeiler am Moritzplatz. Der Merkurbrunnen entstand bis 1599.

TIPPS

Denkmalschutz: Fast alle Skulpturen der Prachtbrunnen sind nur Abgüsse. Die Originalbronzen sind heute (vor allen Luftschadstoffen geschützt) im Maximilianmuseum ausgestellt.

Stadtgründung: 15 v. Chr. sei Augsburg gegründet worden – so steht es auf einem Pfeiler des Augustusbrunnens. Augsburg feierte deshalb 1985 sein Stadtjubiläum. Etwas verfrüht, denn tatsächlich wurde die Römersiedlung erst 8 v. Chr. gegündet.

Gastro-Tipp: Sommerliche Freiluftgastronomie findet man bei allen der drei Prachtbrunnen – auf dem Rathausplatz, auf dem Moritzplatz und entlang der Maximilianstraße.

Mühlwerke) sind die großen Flüsse Augsburgs. Zwei kleinere Gewässer (die Singold und der Brunnenbach) erhielten Attribute wie Füllhorn und Kanne beziehungsweise Fischernetz und Eichenlaubkranz.

Die Inschriften am Brunnenpfeiler weisen unter anderem auf die Gründung der Stadt durch die Römer und auf Kaiser Rudolf II. hin, in dessen Regierungszeit der Augustusbrunnen errichtet wurde. Dies ist ein Hinweis darauf, dass der Brunnen auch eine „Werbemaßnahme" mit Blick auf kommende Reichstage in Augsburg sein sollte – die allerdings seit 1594 (immerwährend) in Regensburg abgehalten wurden. Der nach Modellen des Niederländers Hubert Gerhart bis 1594 geschaffene Brunnen gilt als ein Symbol des Stadtadels.

Die beiden anderen Prachtbrunnen gestaltete Adriaen de Vries. Der 1599 fertiggestellte Merkurbrunnen mit dem antiken Schutzgott der Kauf-

DREI PRACHTBRUNNEN

leute und Händler (sowie der Diebe) steht für den Aufstieg Augsburgs zur Handelsweltmacht. Ein kleiner Amor bindet den Flügelschuh der Gottheit.

Der Herkulesbrunnen (1602) symbolisiert wohl das Handwerk. Der Halbgott erschlägt mit der Flammenkeule eine siebenköpfige Wasserschlange. Das Motiv soll vielleicht zeigen, dass die Beherrschung des in Augsburg

Einer der wasserspeienden Tritonen am Sockel des Herkulesbrunnens.

durch Kanäle gebändigten Wassers nicht allein viel Kraft, sondern auch technisches Know-how voraussetzte. Dieser Brunnen wurde aber auch als Aufruf zum Türkenkrieg gedeutet.

Der Herkulesbrunnen ist der figurenreichste der drei Renaissancebrunnen.

2 AUGSBURGER ANSICHTEN

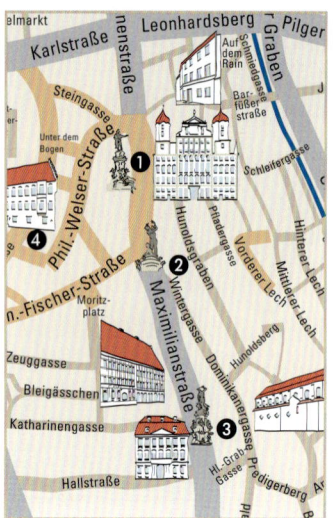

IHR WEG ZU FUSS

Ziel: Schnell die Brunnen sehen

Zeit: Ohne das Maximilianmuseum nur eine viertel bis halbe Stunde

Am Rathausplatz geht es mit dem ❶ Augustusbrunnen los. Ein Tipp: Ein äußerst reizvoller Blick auf den Brunnen ergibt sich von der Aussichtsplattform des Perlachturms. Vom Augustusbrunnen sind es nur rund hundert Meter weiter südlich zum ❷ Merkurbrunnen am Moritzplatz. Von dort aus sieht man schon den wiederum südlich gelegenen, hoch aufragenden ❸ Herkulesbrunnen (er ist höchstens drei Gehminuten entfernt) vor dem Hintergrund der Ulrichskirchen. Originalskulpturen der drei Brunnen findet man im jeweils nur einige Minuten entfernten ❹ Maximilianmuseum (Philippine-Welser-Straße 24).

Oben: Najade des Herkulesbrunnens. Rechts: Ein Symbol des Überflusses sind die weiblichen Halbfiguren am Augustusbrunnen vor dem Rathaus.

SEHENSWERT

❶ Augustusbrunnen: Bronzen des Kaisers, von vier Augsburger Gewässern und anderer allegorischer Darstellungen (1588 bis 1594)

❷ Merkurbrunnen: Skulpturen von Merkur und Amor (1596 bis 1599)

❸ Herkulesbrunnen: Bronzen des Halbgotts und der Hydra, drei Quellnymphen, drei Tritonen und Gänse quälende Putti (1596 bis 1602)

❹ Maximilianmuseum, das „Heimatmuseum" der Stadt: Hier werden die kostbaren Originale der Brunnenbronzen durch ein Glasdach über dem Viermetzhof geschützt.

DREI PRACHTBRUNNEN

2 AUGSBURGER ANSICHTEN

Die Maximilianstraße: „Kaisermeile" zwischen Rathaus und Ulrichskirchen

Augsburg hat eine „gute Stube". Sie heißt Maximilianstraße und ist eine der schönsten Prachtstraßen Süddeutschlands – man nennt sie sogar die „Kaisermeile". Zwischen dem Rathaus und den beiden Ulrichskirchen zeigt sich Augsburg mit drei Prachtbrunnen und prachtvollen Stadtpalästen wie den Fuggerhäusern oder dem Schaezlerpalais von seiner besten Seite.

Wo vor dem Augsburger Rathaus die Straßenbahn fährt, marschierten vor beinahe schon 2000 Jahren die römischen Legionäre auf der antiken Via Claudia vorbei. Später entstanden entlang der einstigen Römerstraße die Stadtpaläste reicher Augsburger Patrizier und wohlhabender Kaufleute. Deren prachtvolle Fassaden – soweit sie nicht durch die Bombenangriffe im Zweiten Weltkrieg zerstört wurden – rahmen nach wie vor die Maximilianstraße: Sie ist die „gute Stube" der Stadt.

Die Straße wurde zunächst (zwangsweise) nach dem bayerischen König und später (gern und freiwillig) nach Kaiser Maximilian I. von Habsburg benannt, den der französische Hof einst wegen seiner Vorliebe für die Stadt als „Bürgermeister von Augs-

Bild oben: Blick auf die Maximilianstraße mit Rathaus, Perlach und Dom.
Links: Eine der drei namensgebenden Büsten an der Fassade des Augsburger Traditionshotels „Drei Mohren".

DIE MAXIMILIANSTRASSE

burg" verspottete. Dem Kaiser war das wohl ziemlich egal: Er war oft zu Gast in den Fuggerhäusern.

1512 ließ Jakob Fugger, den (einst noch viel größeren) Baukomplex um vier Innenhöfe errichten. Nach und nach wurden weitere Häuser hinzuerworben und die Fuggerhäuser im Laufe von Generationen immer noch weiter ausgebaut. Die Fuggerhäuser waren der Stadtpalast der Familie und die Zentrale einer weltweit agierenden Wirtschaftsmacht. Entsprechend prominent waren auch die Gäste. Die Kaiser Maximilian I.,

Entlang der Maximilianstraße bauten die reichen Patrizier und Kaufherrn.

Jakob Fugger „der Reiche" begann 1512 mit dem Bau der Fuggerhäuser.

AUGSBURGER ANSICHTEN

Nördlich der Alpen war der Damenhof der erste Profanbau der Renaissance.

Karl V. und Ferdinand I. waren dort, Albrecht Dürer und Tizian, Martin Luther (der hier 1518 von Kardinal Cajetan verhört wurde) und Wolfgang Amadé Mozart (der 1777 ein Konzert gab) besuchten die Fuggerhäuser. Die 68 Meter lange Fassade zeigt äußerlich aber nur noch wenig vom Glanz früherer Zeiten, nachdem der Bau 1944 zerstört wurde. Das Adlertor der Fürst Fugger Privatbank lässt allerdings erkennen, dass das Haus eine Herberge der Kaiser war.

Der Herkulesbrunnen steht direkt vor dem barocken Schaezlerpalais.

Hinter den Eingangstoren der Fuggerhäuser vermitteln drei zugängliche

DIE MAXIMILIANSTRASSE

Innenhöfe einen Abglanz des einstigen Prunks. Der schönste der Innenhöfe ist der Damenhof. Die Arkadengänge, Marmorsäulen, dekorative Malerei und Terrakottabalustraden prägen den ersten profanen Bau der Renaissance nördlich der Alpen.

Auch das benachbarte Hotel „Drei Mohren" gehörte einst zum Komplex der Fuggerhäuser. Später nächtigten dort Gäste wie Familie Mozart, Casanova und der spätere Preußenkönig Friedrich II. Die drei namensgebenden Mohrenbüsten (Replikate) an der Fassade können den barocken Glanz des im Zweiten Weltkrieg zerstörten Hauses nicht einmal andeuten.

Unversehrt blieb dagegen das nur wenige Schritte entfernte Schaezlerpalais, das schon äußerlich den Prunk andeutet, der Besucher im Inneren erwartet. Nach Plänen des Münchner Baumeisters Karl Albert Lespilliez wurde der bedeutendste profane Rokokobau Augsburgs bis 1770 errichtet. Der Bauherr war der reiche Bankier und Silberhändler Freiherr Liebert von Liebenhofen.

Das Schaezlerpalais – heute ein Haus der Kunstsammlungen und Museen Augsburg – zeigt im Inneren den Stil der Zeit im Original. Im Treppenhaus bestaunt man Stuck von Franz Xaver Feichtmayr d. J. und das Fresko von Gregorio Guglielmi, das die sieben freien Künste, Apollo und Merkur darstellt. Höhepunkt ist der Festsaal, der über zwei Geschosse reicht: Er ist einer der schönsten Festsäle der Zeit. Mit sieben großen Fenstern an

TIPPS

Führung: Öffentliche Stadtführungen der Regio Augsburg (April bis Oktober täglich 14 Uhr ab Rathaus, im Winter nur am Samstag) zeigen die „Kaisermeile". Infos: Telefon 08 21/5 02 07-0.

Gastro-Tipps: Im Straßencafé an der „Maxstraße" die Aussicht genießen. Oder auf der Südterrasse des Hotels „Steigenberger Drei Mohren" mit der Aussicht auf die Fassade des benachbarten Schaezlerpalais speisen.

Museum: Im Schaezlerpalais präsentieren die „Kunstsammlungen und Museen Augsburg" barocke Malerei und den Rokokofestsaal. Über das Palais kommt man in die angrenzende, frühere Katharinenkirche, wo die „Staatsgalerie Altdeutsche Meister" Malerei der Spätgotik zeigt.

beiden Längsseiten des Raums und Spiegeln wurde ein lichtdurchfluteter Saal geschaffen. Guglielmi malte 1767 das Deckenfresko mit der Allegorie des Welthandels, darunter glitzern venezianische Lüster. Auf dem edlen Parkett soll Marie Antoinette – die spätere Kaiserin Frankreichs – 1770 ihre Schuhe durchgetanzt haben.

Heute zeigt man im Palais Augsburger Barockmalerei und Werke von Rubens, van Dyck oder Tiepolo. Über das Schaezlerpalais gelangt man in die benachbarte gotische Katharinenkirche, wo die Staatsgalerie Altdeutsche Meister Malerei der Gotik präsentiert: Das Porträt, das Albrecht

2 AUGSBURGER ANSICHTEN

Am Südende der Maximilianstraße erhebt sich die mächtige Ulrichsbasilika über dem Ulrichsplatz.

Dürer 1518 von Jakob Fugger schuf, ist neben Werken Hans Holbeins d. Ä. und Hans Burgkmairs d. Ä. zu sehen.

Am südlichen Ende der Maximilianstraße liegt der Ulrichsplatz. Dort erheben sich unübersehbar die Ulrichskirchen – die spätgotische Basilika St. Ulrich und Afra und die kleine, ab 1709 barockisierte evangelische Ulrichskirche. Die Basilika ist der nach dem Dom zweitgrößte Sakralbau in Augsburg. Sie hatte wohl sechs Vorgängerbauten, der älteste war vermutlich eine spätrömische Kirche aus dem 4. Jahrhundert. Der romanische Vorgängerbau wurde im Jahr 1467 abgerissen, ein unvollendeter Neubau 1474 durch ein Unwetter zerstört. Baumeister Burkhard Engelberg führte von 1477 bis 1512 die Arbeiten fort. Der Chor wurde allerdings erst 1603/04 fertiggestellt. Von den zwei geplanten Türmen wurde nur einer – der Afraturm – verwirklicht. (Das Innere der Basilika wird in diesem Stadtführer im Kapitel zum Ulrichsviertel beschrieben.)

Die Pfarrkirche St. Ulrich war die Predigthalle der Basilika, bevor sie 1526 zum evangelischen Gotteshaus wurde. Die Fassade mit dem Zwiebeltürmchen und das Tonnengewölbe im Inneren wurden 1710 vollendet.

Entlang der Maximilianstraße stehen noch etliche sehenswerte Bauwerke. Das Reichsstädtische Kaufhaus (das Elias Holl 1611 errichtete) und das Wohnhaus des Philipp Eduard Fugger – jeweils Bauten im Stil der Renaissance – gehören dazu. Um den Ulrichsplatz gruppieren sich Hausfassaden im Stil des Barock, der Neurenaissance und des Neubarock. Wegen seiner für Augsburg früher typischen Fassadenmalereien lohnt das Kathanhaus den Abstecher in die nahegelegene Kapuzinergasse.

DIE MAXIMILIANSTRASSE

IHR WEG ZU FUSS

Ziel: Augsburgs schönsten Straßenzug ganz schnell kennenlernen

Zeit: Mindestens eine Stunde

Man startet beim Rathausplatz – mit Blick auf ❶ das Renaissanceensemble von Rathaus, Perlachturm

Der Erzengel Michael, Putti und der stürzende Luzifer über dem Portal des Zeughauses: Die Modelle für die 1607 gegossene Skulpturengruppe schuf der Bildhauer Hans Reichle.

Gegenüber dem Schaezlerpalais steht das Reichsstädtische Kaufhaus. Es wurde im Jahr 1611 von Elias Holl – dem stadtbildprägenden Augsburger Renaissancebaumeister – errichtet.

2 AUGSBURGER ANSICHTEN

SEHENSWERT

❶ Rathaus und Perlachturm, davor der Augustusbrunnen

❷ Merkurbrunnen

❸ Zeughaus: früheres Waffenarsenal Augsburgs, von Elias Holl bis 1607 erbaut, Bronzeskulpturen Hans Reichles

❹ Fuggerhäuser mit dem Damenhof, dem Serenadenhof und dem Zofenhof (Eingang Maximilianstraße 36)

❺ Herkulesbrunnen

❻ Reichsstädtisches Kaufhaus, ein „Einkaufszentrum" der Renaissance, 1611 von Elias Holl erbaut

❼ Schaezlerpalais – der Rokoko-Stadtpalast des Bankiers und Silberhändlers Liebert von Liebenhofen mit dem Rokokosaal (von 1765 bis 1770), Augsburger Kunstsammlungen und Staatsgalerie Altdeutsche Meister, Barockgarten (Maximilianstraße 46)

❽ Ulrichskirchen: In der katholischen Basilika St. Ulrich und Afra sind die Heiligen Ulrich, Afra und Simpert bestattet, fünf Fuggerkapellen sind zu sehen. Evangelische Ulrichskirche im früheren „Predigthaus" der Basilika

❾ Kathanhaus: herausragendes Beispiel für die Fassadenmalerei des Rokoko (Kapuzinergasse 10)

❿ Renaissance-Arkadenhof eines Fuggerhauses (Maximilianstraße 58)

Das Kathanhaus in der Kapuzinergasse zeigt eine im Augsburg der Rokokozeit übliche reiche Fassadenmalerei.

und Augustusbrunnen. Wegen der Zerstörungen während des Zweiten Weltkriegs beginnt die Serie der sehenswerten Hausfassaden erst einige wenige Schritte südlich des Rathauses – dort, wo sich der Moritzplatz mit der Moritzkirche und dem ❷ Merkurbrunnen zwischen die „kurze" und die „lange" Maximilianstraße schiebt. Dort bildet eine geschlossene Zeile meist barock geschwungener Giebel die Kulisse. Fassaden aus dem Barock und dem Rokoko prägen die beiden Häuserfronten entlang der „Kaisermeile". Doch ihre Höhepunkte entstanden in der Zeit der Renaissance: Einige Schritte westlich der Maximilianstraße (man biegt dazu am Moritzplatz in die Bürgermeister-Fischer-Straße ab) liegt zum Beispiel das ❸ Zeughaus am Zeugplatz. Es be-

DIE MAXIMILIANSTRASSE

herbergte das Waffenarsenal der Freien Reichsstadt. Der zweiflügelige, sechsgeschossige Bau mit der häufig für Ausstellungen genutzten Toskanischen Säulenhalle wurde zwischen 1602 und 1607 durch den stadtbildprägenden Augsburger Baumeister Elias Holl errichtet. Der Giebel des Haupttraktes wird von einer Bronzegruppe – zu sehen sind der Erzengel Michael, Luzifer und Putti von Hans Reichle – dominiert.

Zurück zur Maximilianstraße: Dort stehen die ❹ Fuggerhäuser, wo man drei der vier Innenhöfe besichtigen kann. Auf der gegenüberliegenden Straßenseite, beim ❺ Herkulesbrunnen, liegt das von Elias Holl 1611 erbaute ❻ Reichsstädtische Kaufhaus – es war das wohl erste „Einkaufszentrum" Augsburgs. Nur wenige Schritte südlich der Fuggerhäuser steht man bereits vor dem ❼ Schaezlerpalais.

Den unübersehbaren Abschluss der „Kaisermeile" markieren die beiden ❽ Ulrichskirchen am Ulrichsplatz. Wer anschließend beim Rückweg zum Rathausplatz noch etwas Zeit hat, gönnt sich einen Einblick in die Wohnkultur der reichen Augsburger.

Das ❾ Kathanhaus in der schmalen Kapuzinergasse ist ein Beispiel für die Fassadenmalerei im Rokoko. Der kleine ❿ Renaissance-Arkadenhof des Hauses Maximilianstraße 58 wirkt wie ein Stück Italien. Auch diese beiden Häuser hatten einst einen Fugger als Besitzer.

Die katholische Basilika St. Ulrich und Afra und die evangelische Ulrichskirche am Ende der Prachtstraße.

2 AUGSBURGER ANSICHTEN

Im Domviertel: Bischofsresidenz, Römersteine und das Mozarthaus

Das Domviertel entstand über den Ruinen der römischen Stadt. Heute ist der von den Bischöfen geprägte Stadtteil einer der schönsten Augsburgs. Nicht nur der uralte Dom und die einstige Fürstbischöfliche Residenz sind sehenswert. Kirchen, Häuser und Straßen um die Bischofskirche erinnern an Kaiser Maximilian I., Götz von Berlichingen, Martin Luther und Goethe – und natürlich auch an Leopold Mozart und dessen Sohn Wolfgang Amadé.

Augsburg war wohl schon seit der Spätantike ein Bischofssitz, ein erster Bischof ist um 738 gesichert. Im frühen Mittelalter war das Augsburg der Bürger zunächst einmal nicht viel mehr als ein bäuerlicher Vorort der Domstadt. Bischöfe und Bürger waren sich nicht immer grün: Seit der Amtszeit des heiligen Ulrich gab es eine „Domburg", mit der sich ein bewehrter Bereich der Bischofsstadt gegen das bürgerliche Augsburg abgrenzte. Später fühlten sich die Fürstbischöfe – eigenständige und selbstbewusste Landesherren – neben der wachsenden und immer mächtigeren Stadt, deren Bewohner außerdem eine starke Neigung zum

Bild oben: Blick auf die Doppeltürme und den gotischen Ostchor des Doms. Rechts: Romanischer Löwenkopf an einer der neugotischen Kirchentüren.

DAS DOMVIERTEL

Das Marienportal ist ganz besonders figurenreich – und das größte des 14. Jahrhunderts in Süddeutschland.

neuen Glauben zeigten, nicht mehr sicher. Sie zogen sich nach Dillingen an der Donau zurück: Dort residierten sie zwischen 1543 und 1690. Erst danach bevorzugten die Fürstbischöfe wieder ihre Hauptresidenz am Augsburger Fronhof beim Dom. Sie wurde ab 1740 erweitert und barockisiert.

Der Dom ist mehr als tausend Jahre alt. Bei Ausgrabungen in der um 807 erbauten Westkrypta kamen jedoch auch spätantike Mauerreste zum Vorschein. Man vermutet, dass der romanische Teil des heutigen Doms Mariä Heimsuchung ab 995 über einem karolingischen Vorgängerbau entstand. Das romanische Langhaus wurde 1065 geweiht, 1075 wurden wohl die beiden Türme erbaut. Um 1065 entstanden die fünf „Prophetenfenster" im südlichen Mittelschiff, die Moses, David, Hosea, Daniel und Jonas darstellen. Die Fenster im südlichen Obergaden sind der älteste bekannte figürliche Glasmalerei-

Zahlreiche Porträts zeigen rund 80 Augsburger Bischöfe seit dem 8. Jahrhundert im westlichen Teil der Bischofskirche.

AUGSBURGER ANSICHTEN

Der romanisch-gotische Dom ist im Kern mehr als tausend Jahre alt. Die Westkrypta entstand bereits um 807.

zyklus der Welt – wahrscheinlich die Relikte einer größeren Prophetenreihe. Eine ebenfalls 1065 gefertigte Bronzetür ist heute im benachbarten Diözesanmuseum St. Afra zu sehen. Sie ist das zweitälteste Bronzeportal in Deutschland, das mit figürlichen Darstellungen geschmückt wurde. Zu den ältesten Kunstwerken im Dom gehört zudem der um 1000 errichtete Marmorthron im Westchor, der nur bei Führungen zu besichtigen ist. Die Krypta ist dagegen zugänglich.

Im Stil der Gotik wurden von 1229 bis 1483 der Westchor, die Einwölbung des Langhauses, der Neubau der neuen Seitenschiffe und – ab 1343 – der Neubau des heute dominierenden Ostchors gestaltet. Der erst 1431 geweihte Ostchor verlängerte den Dom über die Trasse der einstigen Römerstraße Via Claudia Augusta hinaus.

Deshalb besitzt die Stadt Augsburg das Recht, die Bischofskirche auch während der Gottesdienste durch das Süd- und Nordportal des Nordchors durchqueren (auch durchreiten oder durchfahren) zu dürfen.

Das Nordportal errichtete man ab 1343 und gestaltete es mit Stationen aus dem Leben Marias und ihrer Krönung als Gottesmutter. Das figurenreiche Portal an der Südfassade von 1356 ist das größte süddeutsche Kirchenportal des 14. Jahrhunderts. Es zeigt ebenfalls die Patronin des Doms und Stationen ihres Lebens, 36 Vorfahren Christi, 24 Propheten und Patriarchen, Apostel mit Wappenschilden von Augsburger Stiftern und Zünften und vier Bischöfe. Bronzene Löwenkopfgriffe (Replikate) an den Türen entstanden im 12. Jahrhundert.

Viele Kunstschätze des Doms wurden während des Bildersturms der Reformation zerstört. Erhalten sind neben weiteren Glasfenstern auch

DAS DOMVIERTEL

Wandmalereien wie die Riesenfigur des Christophorus von 1491 sowie Grabdenkmäler der Bischöfe seit dem 14. Jahrhundert. Um 1330 entstand die Wandmalerei in der Westchorkrypta, die die Kreuzigung zeigt. Das Kirchengestühl von 1430/40 im Ostchor gehört zu den ältesten süddeutschen Gestühlen mit figürlicher Schnitzerei, das Gestühl im Westchor entstand um 1495. An den Nebenaltären der vier östlichen Langhauspfeiler sieht man 1493 geschaffene Altartafeln des Augsburger Malers Hans Holbein d. Ä. Überwiegend im 14. und 15. Jahrhundert entstand der Kreuzgang an der Nordseite des Doms. Dort erinnern die teils lebensgroßen Grabmäler an Domherrn des Mittelalters und der Frühen Neuzeit.

Die fünf Prophetenfenster im Dom (hier der Prophet Hosea) bilden den ältesten figürlichen Glasmalereizyklus der Welt.

Westlich des Doms liegt der Fronhof mit der einstigen Fürstbischöflichen Residenz. Deren ältester Teil ist der unübersehbare – 1507/08 erhöhte – Pfalzturm, wo 1518 Albrecht Dürer den zum letzten Mal in Augsburg weilenden Kaiser Maximilian I. porträtierte. Das heutige Erscheinungsbild der Residenz entstand bis zum Jahr 1789, als die Fürstbischöfe den

Im Kreuzgang des Doms ließen sich die Augsburger Domherren bestatten.

AUGSBURGER ANSICHTEN

Blick über den Fronhof auf das Hauptportal der früheren Fürstbischöflichen Residenz. In der Grünanlage steht ein Denkmal für Vater und Sohn Mozart.

Palast im Stil des Rokoko umgestalten ließen. 1752 erbaute man das Treppenhaus (mit Fresken Johann Georg Bergmüllers) sowie den angrenzenden Rokokosaal, der zwei Fayenceöfen, eine Wandverkleidung und die Fürstenporträts regierender Habsburger und Wittelsbacher zeigt (nur im Rahmen von Führungen und Veranstaltungen zugänglich).

Im Fronhof steht das 1991 gestiftete Mozart-Denkmal, deutschlandweit das einzige Doppeldenkmal für Leopold und Wolfgang Amadé Mozart. Durch das 1789 geschaffene Prachtportal (heute der Haupteingang der Regierung von Schwaben) gelangt man auch in den kleinen, ehemals fürstbischöflichen Hofgarten westlich des Barockpalastes.

Um den Dom erstreckt sich ein von der Kirche und von Kirchen geprägtes Viertel mit bedeutenden Klöstern, bis heute wirkenden Klosterschulen und stillen Gassen. Die Domherrenhäuser erinnern an die Zeit, in der das Domviertel ein geistiges wie künstlerisches Zentrum war. In dieses Umfeld wurde Leopold Mozart 1719 hineingeboren. Die im Jesuitenkolleg (auch musikalisch) genossene Erziehung beeinflusste sicher auch seinen Sohn Wolfgang Amadé. Der Sohn hat übrigens wie sein Vater etliche Spuren im Domviertel hinterlassen.

Die evangelische Kirche Heilig-Kreuz gehört zu den Lutherstätten in der Stadt Augsburg.

DAS DOMVIERTEL

Die katholische Kirche Heilig-Kreuz. Leopold Mozart war hier Sängerknabe, Wolfgang Amadé als Gast im benachbarten Augustiner-Chorherrenstift.

IHR WEG ZU FUSS

Ziel: Den Dom, die Bischofsstadt und das Mozarthaus erkunden

Zeit: Zwei bis drei Stunden

Der ❶ Dom ist wenige Gehminuten vom Rathaus entfernt und deshalb ein idealer Ausgangspunkt für die Tour durchs Domviertel. Nur Schritte vom Nordportal entfernt liegt das ❷ Diözesanmuseum St. Afra. Vor dem Südportal liegt der Domplatz, einst der südlichste Teil der Römerstadt. An der ❸ Römermauer sieht man Replikate von Augsburger Steindenkmälern. Mehrfach findet man die römische Zirbelnuss, das Motiv des Stadtwappens. Hinter der Römermauer liegt der ❹ Fronhof

TIPPS

Mozarthaus: Die Gedenkstätte in der Frauentorstraße 30 ist dienstags bis sonntags von 10 bis 17 Uhr geöffnet (ganzjährig Veranstaltungsprogramm).

Dom: Führungen finden von Mai bis Oktober dienstags, freitags und sonntags um 15 Uhr, samstags um 11 Uhr statt. Besichtigungen sind montags bis samstags von 10.15 Uhr bis 16 Uhr, sonntags nur nachmittags möglich. Infos unter Telefon 08 21/31 66-3 53 (www.bistum-augsburg.de).

Domführungen: Im Dom wird regelmäßig oder auf Anfrage geführt. Alle Infos gibt es bei der Regio Augsburg.

Musik: Auskünfte zu Auftritten der „Augsburger Domsingknaben" unter Telefon 08 21/51 00 88. Die „Konzerte im Fronhof" finden jährlich an einem Wochenende im Juli statt.

Museum: Das Diözesanmuseum St. Afra ist dienstags bis samstags 10 bis 17 Uhr, sonntags 12 bis 17 Uhr, am ersten Freitag im Monat von 10 bis 21 Uhr geöffnet. Mehr Infos unter Telefon 08 21/3 16 63 33 oder im Web (www. bistum-augsburg.de).

Hotel: Das „Dom Hotel" in der 500 Jahre alten Dompropstei beherbergt mit Blick auf die benachbarten Domtürme (www.domhotel-augsburg.de).

Gastro-Tipp: Der „Augsburger Hof" beim Mozarthaus ist für seine bayerisch-schwäbische Küche bekannt.

2 AUGSBURGER ANSICHTEN

Auf Wolfgang Amadé Mozart und seine Familie stößt man im Augsburger Mozarthaus. Im barocken Handwerkerhaus wurde 1719 W. A. Mozarts Vater Leopold geboren.

mit der einstigen Fürstbischöflichen Residenz. Durch das Prachtportal hindurch oder durch einen südlich davon gelegenen Torbogen kommt man zu dem von einer Mauer geschützten kleinen ❺ Hofgarten, der im Sommer öffentlich zugänglich ist. Die Bänke und Stühle der intimen Anlage mit barocktypischen Buchsbaumfassungen und -pyramiden, mit Schalenbrunnen und Seerosenbecken, Staudenbeeten und fünf Barockzwergen bieten sich an den sonnigen Tagen für eine Pause an.

Durch den nächsten Torbogen führt der Weg vom Hofgarten zur Heilig-Kreuz-Straße. An ihrem südlichen Ende liegt das frühere Meutingsche Haus (Heilig-Kreuz-Straße 1), dessen Kern aus jener Zeit stammt, als es noch Kaiser Maximilian I. gehörte. Die ❻ Gedenktafel erinnert hier an den Habsburger, der sich so häufig in der Stadt aufhielt, dass man ihn am französischen Hof als „Bürgermeister von Augsburg" verspottete.

Am Gartenhaus dieses Anwesens bezeugt eine weitere ❻ Steintafel, dass dort das Heilig-Kreuzer-Tor stand – und dass im Turm Götz von Berlichingen, der geächtete und im Jahr 1528 gefangengesetzte „Ritter mit der eisernen Hand", dort bis 1530 eine Haftstrafe absitzen musste. Goethe hat dem Raubritter ein literarisches Denkmal gesetzt.

Der Dichterfürst logierte 1790 wenige Schritte vom längst abgerissenen Tor entfernt im früheren Hotel „Weißes Lamm". Wolfgang Amadé Mozart stieg hier gleich zweimal ab. Die ❻ Gedenktafel (Ludwigstraße 2) erinnert an diese illustren Gäste. Als

DAS DOMVIERTEL

Gast war Wolfgang Amadé Mozart auch im wenige Schritte entfernten Augustiner-Chorherrenstift Heilig-Kreuz, dessen Besuch ihm sein Vater Leopold, ehemaliger Sängerknabe in der ❼ katholischen Kirche Heilig-Kreuz, nahegelegt hatte. Die Wallfahrt zum „Wunderbarlichen Gut" ließ die Kirche im Mittelalter bedeutsam werden. Tipp für Kunstinteressierte: In der Kirche entdeckt man auch ein Altarblatt von Peter Paul Rubens. 1511 hielt sich Martin Luther im Stift auf. Die benachbarte ❽ evangelische Heilig-Kreuz-Kirche nennt sich deshalb Lutherstätte, auch wenn die an der Stelle eines während der Gegenreformation zerstörten Vorgängerbaus errichtete Kirche erst 1652/53 entstand. König Friedrich III. von Dänemark und die schwedische Königin Christine spendeten für den Neubau.

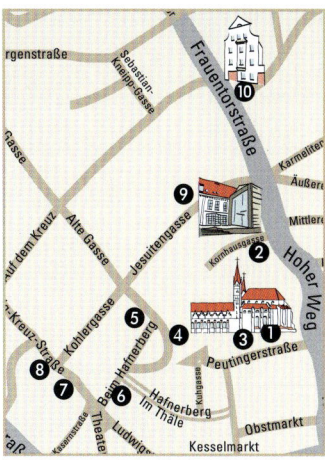

Von hier aus führt der Weg in die Jesuitengasse. Dort war das Kolleg, in dem Leopold Mozart zur Schule ging – der ❾ Kleine Goldene Saal (Jesuitengasse 12) erinnert daran. Der 1763 bis 1765 erbaute Rokokosaal zeigt Fresken von Matthäus Günther und Stuck von Johann Michael Feichtmayr (im Rahmen von Führungen zu sehen). Wer bis zum nördlichen Ende der Altstadt spaziert, steht schon bald vor dem Geburtshaus Leopold Mozarts, dem ❿ Mozarthaus. Die Gedenktafel an der Fassade des Handwerkerhauses (Frauentorstraße 30) könnte man übersehen, nicht jedoch die rote Metallplastik vor der Fassade.

SEHENSWERT

❶ Dom Mariä Heimsuchung: Bau aus Romanik und Gotik, Kreuzgang

❷ Diözesanmuseum St. Afra

❸ Römermauer: mit Replikaten von römischen Steindenkmälern

❹ Fürstbischöfliches Palais, Rokokosaal, Mozart-Denkmal im Fronhof

❺ Hofgarten: barocke Anlage

❻ Gedenktafeln (für Goethe, Mozart, Raubritter Götz von Berlichingen und Kaiser Maximilian I.)

❼ Katholische Kirche Heilig-Kreuz

❽ Evangelische Kirche Heilig-Kreuz

❾ Kleiner Goldener Saal: Rokokosaal

❿ Mozarthaus: das Geburtshaus Leopold Mozarts, Dauerausstellung

2 AUGSBURGER ANSICHTEN

Handwerkeraltstadt: viele Kanäle und mehr Brücken als Venedig

Um 1960 stand der Abriss der Handwerkeraltstadt im Osten des Rathauses zur Diskussion: Heute ist das idyllische, liebevoll sanierte Quartier eine gefragte Wohngegend. Die Kanäle des früheren Handwerkerviertels hat man wieder freigelegt – was dazu führte, dass Augsburg angeblich mehr Brücken als Venedig hat. Durch das Lechviertel und die Jakobervorstadt kommt man zur Augsburger Fuggerei, zum Brechthaus und zum Römischen Museum.

Das prächtige Augsburg der Römer, der Patrizier, der reichen Kaufleute und der Fürstbischöfe liegt auf einer Hochterrasse über dem Lech. Östlich der Maximilianstraße fällt das eiszeitliche Lechufer abrupt und steil zur Handwerkeraltstadt ab. Das ehemalige Viertel der Weber, Gerber und Tagelöhner, der Normalverdiener und der Armen wird von zahlreichen Kanälen durchzogen, die für Handwerker äußerst wichtig waren.

Das Wasser der Kanäle stammt vom Lech – einem Gebirgsfluss, der rund 50 Kilometer nördlich in die Donau

Bild oben: Ehemalige Handwerkerhäuser am Lechkanal in der Altstadt.
Links: Im Holbeinhaus am Vorderen Lech wurde Hans Holbein d. J. geboren.

HANDWERKERALTSTADT

Hans Holl baute bis 1576 den Zwiebelturm der Klosterkirche Maria Stern.

mündet. Schon Stauferkaiser Friedrich Barbarossa sprach Augsburg 1187 das Recht zu, Wasser vom Lech in die Stadt abzuleiten und zu nutzen.

Die wirtschaftliche Bedeutung der Kanäle ist heute nur noch gering. Doch als man die Altstadt – in der Zeit nach dem Zweiten Weltkrieg lange ein „Arme-Leute-Viertel" – ab den 1970er Jahren sanierte, wurden mit Straßen überbaute Kanäle aufgedeckt, viele Handwerksbetriebe in Gewerbegebiete verlagert, Gassen und Plätze aufwändig gepflastert.

Blick über die Fuggerei in der Jakobervorstadt auf die turmlose Dominikanerkirche St. Magdalena im Lechviertel.

2 AUGSBURGER ANSICHTEN

Am Jakobsplatz – gleich neben der Fuggerei – steht der Neptunbrunnen.

Viele der schmalbrüstigen, krummen Handwerkerhäuser wurden seitdem saniert. Die Altstadt ist heute ein beliebtes Wohnviertel.

Vor der Stadtmetzg, einst die Verkaufshalle der Fleischer, steht die vergoldete Skulptur des heiligen Georg.

Wer es erforschen will, tut gut daran, dies zu Fuß zu tun. Parkplätze gibt es kaum – sie waren im Mittelalter einfach noch nicht vorgesehen.

Spaziergänger genießen den Vorteil, an allen Ecken und Enden etwas zu entdecken – ein Wasserrad hier, eine aufschlussreiche Gedenktafel dort. Die von Elias Holl bis 1609 erbaute Stadtmetzg und die von seinem Vater Hans Holl von 1574 bis 1576 errichtete Franziskanerinnenklosterkirche Maria Stern (sie wurde bis 1730 barockisiert) gehören zu den bedeutenden Bauten der Stadt. Vor allem aber liegen drei der größten Sehenswürdigkeiten Augsburgs in oder am Rand dieser Altstadt – die Fuggerei, das Geburtshaus Bertolt Brechts und das Römische Museum.

Bis heute steht die ab 1514 errichtete, von Jakob Fugger 1521 offiziell gestiftete (und bereits wenige Jahre später so genannte) Fuggerei für das Augsburg der kleinen Leute. Noch

HANDWERKERALTSTADT

immer leben hier bedürftige katholische Augsburger für eine ziemlich günstige Jahres(kalt)miete: Sie beträgt lediglich 0,88 Euro. Der zweite Teil der Miete ist ideeller Natur: Die Bewohner der Fuggerei sollen täglich drei Gebete für den Stifter und seine Familie sprechen. Der reiche Kaufherr erhoffte sich davon für sich und seine Familie Unterstützung bei der Erlangung des Seelenheils.

Die 140 Wohnungen in 67 Häusern gruppieren sich um acht Gassen der Sozialsiedlung. Das kleine Fuggereimuseum erzählt die Geschichte der Stiftung und seiner Stifter. Wie stark gerade das Augsburg der kleinen Leute im Zweiten Weltkrieg zerstört wurde, belegt das Museum im „Weltkriegsbunker in der Fuggerei". Eine Schauwohnung zeigt, wie man heute in der Sozialsiedlung lebt.

Auch das Geburtshaus Bert Brechts in der schmalen Gasse „Auf dem Rain" dokumentiert das Leben der

Schmale Handwerkerhäuser zwischen zwei Lechkanälen „Auf dem Rain": Dort wurde Bertolt Brecht geboren.

kleinen Leute. Zwar wurde Brecht hier 1898 geboren. Nur wenig später zog die Familie jedoch wieder aus:

Blick aus der engen Altstadtgasse „Beim Märzenbad" auf die Rückfront des Rathauses am Elias-Holl-Platz.

AUGSBURGER ANSICHTEN

TIPPS

Museum: Die Fuggerei und ihre beiden Museen sind täglich geöffnet. Von Dienstag bis Sonntag (10 bis 17 Uhr, dienstags bis 20 Uhr) zeigt das Römische Museum Augsburg in der ehemaligen Dominikanerkirche St. Magdalena die Ära der Provinzhauptstadt „Augusta Vindelicum". Leben und Werk Bert Brechts lernt man im Brechthaus (Auf dem Rain 7, täglich 10 bis 17 Uhr, außer Montag) kennen.

Maria Stern: Die Klosterkirche Maria Stern wurde bis 2007 mit großem Aufwand saniert. Sie kann täglich von 7 bis 18 Uhr besichtigt werden.

Kleinkunst: Im Kulturhaus Kresslesmühle bei der Stadtmetzg hat sich ein Kleinkunstzentrum mit ganzjährigem Programm und großen Kabarettreihen etabliert (www.kresslesmuehle.de).

Feine Küche: Die Küche im Künstlerlokal „Die Ecke" hinter dem Rathaus zählt zum Feinsten, was Augsburg gastronomisch bietet. Gutbürgerlich verwöhnt die seit 1577 bekannte Traditionsgaststätte „Bauerntanz".

Baden: Das Alte Stadtbad ist ein in den 1980er Jahren saniertes Jugendstilbad mit zwei Becken, Saunen und vielen witzigen Jugendstildetails.

Shopping: Antiquitäten, Antiquariate und Alternatives finden Besucher der Altstadt vor allem in der und um die Pfladergasse, in der Bäckergasse und in der Dominikanergasse.

In der engen Wohnung über einer Feilenhauerei wurde der Lärm des Handwerksbetriebs unerträglich. Ein Lechkanal plätschert vor, einer hinter dem schmalen Häuschen, in dem nun eine Gedenkstätte eingerichtet ist.

Zu den wichtigsten Kirchen in der Freien Reichsstadt gehörte die 1803 profanierte ehemalige Dominikanerkirche St. Magdalena. Ihr Neubau in den Jahren 1513 bis 1515 wurde von Papst Leo X., Kaiser Maximilian I. und reichen Augsburger Familien wie den Fuggern gefördert. Von außen wirkt der Bau eher schmucklos: Wie bei Bettelordenskirchen üblich, wurde er ohne Kirchturm errichtet. Doch der Sakralbau ist einer der frühesten und herausragenden der deutschen Renaissance. Die chorlose, zweischiffige, weite und lichtdurchflutete Halle ist architektonisch äußerst ungewöhnlich. Mit Stuck der Brüder Anton, Franz Xaver und Michael Feichtmayr wurde sie im Inneren von 1721 bis 1724 barockisiert.

Erhalten blieben die „Vier Gulden Stein", die Kaiser Maximilian I. in der Kirche als einziges zu Lebzeiten ausgeführtes Denkmalprojekt verwirklichen konnte. Vier vergoldete Sandsteintafeln sind dem Habsburger selbst, seinem Sohn Philipp „dem Schönen" – König von Spanien – und dessen Söhnen Karl und Ferdinand gewidmet. Beide wurden Nachfolger Maximilians. Der Eintritt in die Kirche ist mit einem Besuch des Römischen Museums Augsburg verbunden. Seit 1966 stellt es in Augsburg ergrabene Relikte der Römerzeit aus.

HANDWERKERALTSTADT

IHR WEG ZU FUSS

Ziel: Altstadtromantik erleben und das Augsburg der kleinen Leute kennenlernen

Zeit: Zwei Stunden – oder viel länger

Wer fremd ist in Augsburg, orientiert sich auch beim Gang durch die Altstadt am besten am Rathaus. Vom Rathausplatz aus gesehen rechts an ihm vorbei geht es treppab zum ❶ Elias-Holl-Platz, wo sich das Bild der östlichen Rathausfassade mit der beeindruckenden Höhe von 64 Metern bietet. Ein Reliefporträt von Renaissancebaumeister Elias Holl sieht man am Haus bei der Treppe. Direkt gegenüber liegt das Restaurant „Die Ecke" – an diesem Ort soll auch Holl schon getafelt haben.

Typische Handwerkerhäuser in der Pfladergasse hinter dem Rathaus – dort steht die „Alte Silberschmiede".

Elias Holls Vater Hans erbaute 1576 den Zwiebelturm des ❷ Klosters Maria Stern: Den Turm krönt eine der ersten „welschen Hauben" Süddeutschlands. Steht man vor dem Kloster, sieht man am Nordende der Sterngasse die ❸ Stadtmetzg, das bis 1609 von Elias Holl erbaute Zunft- und Verkaufshaus der Metzger. Holl nutzte den Lechkanal unter dem Bau zur Kühlung und Abfallentsorgung. Gegenüber der Stadtmetzg steht vor dem Kulturhaus Kresslesmühle der vergoldete Abguss eines ❹ heiligen Georg auf einem Brunnenpfeiler (Original im Maximilianmuseum).

Ebenfalls an einem Lechkanal steht die nur eine Gasse entfernte frühere Feilenhauerei „Auf dem Rain 7", die 1898 zum ❺ Geburtshaus von Bert Brecht wurde. Die Gedenktafel und eine knallrote Brecht-Stele erinnern daran, dass der Besuch des Brechthauses für Literaturinteressierte obligat ist. Eine weitere Möglichkeit, Wasser aus den Lechkanälen zu nutzen, zeigt ein Abstecher in das zwei Gehminuten entfernte ❻ Alte Stadtbad am Leonhardsberg. Das Jugendstilbad mit seinen beiden Schwimmbecken entstand 1903. In dieser Ecke der Stadt genossen bereits im Mittelalter in den Badehäusern Männlein wie Weiblein quer durch alle gesellschaftlichen Schichten freizügige Badefreuden.

Auf dem Weg zurück in Richtung Elias-Holl-Platz stößt man auf den wieder aufgebauten Ostchor der

2 AUGSBURGER ANSICHTEN

SEHENSWERT

❶ Rückfront des Renaissance-rathauses am Elias-Holl-Platz

❷ Klosterkirche Maria Stern: bis 1576 von Hans Holl erbaut

❸ Stadtmetzg: Zunft- und Verkaufshaus der Metzger (Elias Holl, 1609)

❹ Georgsbrunnen: die Bronzefigur wurde 1565 gegossen

❺ Brechthaus: das Geburtshaus und die Gedenkstätte Bertolt Brechts

❻ Altes Stadtbad: das Jugendstilbad wurde bis 1903 gebaut

❼ Barfüßerkirche: nach 1398 erbaut, heute evangelische Pfarrkirche

❽ Fuggerei: 1521 von Jakob Fugger gestiftet, Fuggereimuseum

❾ Jakobskirche (1383 gestiftet)

❿ Neptunbrunnen: 1536 nach dem Modell von Hans Daucher gegossen

⓫ Alte Silberschmiede: ein typisches Augsburger Handwerkerhaus

⓬ Holbeinhaus, Gedenktafel für die Augsburger Malerfamilie Holbein

⓭ Butzenbergle: eine romantische, enge Altstadtgasse

⓮ Römisches Museum, ehemalige Dominikanerkirche St. Magdalena

1944 zerstörten ❼ Barfüßerkirche. Bertolt Brecht wurde hier getauft, Wolfgang Amadé Mozart war von der (im Zweiten Weltkrieg vernichteten) Orgel begeistert. Von dort aus sind es lediglich noch ein paar Schritte durch die Jakobervorstadt zur ❽ Fuggerei: Die heute älteste bestehende Sozialsiedlung der Welt wurde 1521 für die verarmten Handwerker und Tagelöhner Augsburgs gestiftet – von denen es in der Altstadt mehr als genug gab.

Wer vom Eingang der Fuggerei an der Jakoberstraße einige Schritte stadtauswärts geht, kommt an der gotischen ❾ Jakobskirche vorbei zum Jakobsplatz, wo sich der Weg zum ❿ Neptunbrunnen lohnt. Hans Dauchers Skulptur von 1536 ist die älteste bronzene Brunnenfigur der Renaissance in Augsburg.

Alternativ oder auch zusätzlich führt eine Tour durch die Handwerkeraltstadt vom Elias-Holl-Platz aus in Richtung Süden durchs Lechviertel. In der Pfladergasse kommt man an der ⓫ „Alten Silberschmiede" vorbei. Seit 1640 werden dort Gold- und Silberschmiedearbeiten ausgeführt. Augsburg war europäisches Zentrum dieses Kunsthandwerks. Ein Zentrum gotischer Malerei war die Stadt am Ende des Mittelalters. Daran erinnert eine Gedenktafel am ⓬ Holbein-Haus am Vorderen Lech. Im Haus Hans Holbeins d. Ä. wurde Hans Holbein d. J. geboren, der zum Hofmaler des englischen Königs Heinrich VIII. aufstieg. Auf

HANDWERKERALTSTADT

Das Römische Museum Augsburg zeigt Grabungsfunde in einer äußerst ungewöhnlichen zweischiffigen Hallenkirche eines früheren Dominikanerklosters.

dem Weg zum Holbeinhaus kommt man am Vorderen Lech an der Gaststätte „Bauerntanz" vorbei, in der auch Mozart und Goethe einkehrten.

In die reiche Oberstadt leitet das romantische ⓭ Butzenbergle hinauf, eine mittelalterliche Gasse, die zum ⓮ Römischen Museum in der zweischiffigen Hallenkirche des früheren Dominikanerklosters führt. Die Kirche ist eine architektonische Rarität und eines der bedeutendsten Augsburger Bauwerke der Renaissance. Das Museum zeigt römische Steindenkmäler, die man in Augsburg gefunden hat – die bedeutendste Sammlung dieser Art bayernweit. Außerdem: Keramik, Glas, Münzen, Waffen und der vergoldete Bronzepferdekopf eines Reiterstandbilds.

2 AUGSBURGER ANSICHTEN

Das Ulrichsviertel: Altstadtidyll zwischen Wällen und Wassertürmen

Am südlichen Ende der Maximilianstraße steht der zweitgrößte Sakralbau Augsburgs, die imposante Basilika St. Ulrich und Afra. Von hier bis zu den historischen Wallanlagen erstreckt sich eines der reizvollsten Stadtviertel Augsburgs. Höhepunkte neben der Ulrichskirche sind die weltberühmte Augsburger Puppenkiste und die Freilichtbühne am Roten Tor.

Die 1064 heiliggesprochene Afra war angeblich eine Dirne, bevor sie zum christlichen Glauben bekehrt wurde. Bei einer Christenverfolgung soll sie im Jahr 304 auf einer Lechinsel den Märtyrertod durch das Feuer erlitten haben. Verehrt wurde sie seit dem 6. Jahrhundert. Der 973 verstorbene, ebenfalls heiliggesprochene Bischof Ulrich ließ kurz vor der Jahrtausendwende ohne Erfolg nach dem Afragrab suchen. Erst 1064 wurden auf einem römischen Friedhof, auf dem heute die Basilika St. Ulrich und Afra steht, jene Gebeine gefunden, die

Bild oben: Der mächtige Turm der spätgotischen Basilika St. Ulrich und Afra überragt das Ulrichsviertel. Links: Auf eine der insgesamt fünf Fuggerkapellen in der katholischen Ulrichskirche verweist ein Wappen am Gitter der Bartholomäuskapelle im nördlichen Seitenschiff der Basilika.

DAS ULRICHSVIERTEL

man für diejenigen Afras hielt. Sie wurden in einem römischen Sarkophag bestattet.

Man findet diesen Sarkophag heute in der Unterkirche von St. Ulrich und Afra, nur wenige Schritte von der barocken Tumba des heiligen Ulrich entfernt. Bischof Ulrich hatte Augsburg gegen die heidnischen Magyaren verteidigt, ehe ihre Reiterhorden am 10. August 955 in der epochalen Schlacht auf dem Lechfeld vernichtend geschlagen wurden. Dies war zugleich das Ende der Ungarnkriege.

Auf der Fuggerorgel in der Ulrichskirche spielte 1777 Wolfgang Amadé Mozart.

Das Benediktinerkloster St. Ulrich und Afra wurde so bedeutend, dass es 1643/44 als reichsunmittelbares Territorium – als Reichsstift – anerkannt wurde. Es war somit neben der Freien Reichsstadt und dem Hochstift Augsburg bis 1803 das dritte Staatsgebilde in den Mauern Augsburgs.

In Augsburg gibt es zwei Ulrichskirchen, weil seit 1526 im „Predigthaus" – in der an die Basilika ange-

Die Darstellung der Geburt Christi am Hochaltar der katholischen Basilika St. Ulrich und Afra.

2 AUGSBURGER ANSICHTEN

DAS ULRICHSVIERTEL

Der Wollmarkt bei St. Margaret, der Innenhof des Dominikanerinnenklosters.

bauten Halle für Wallfahrer und Grablege vornehmer Augsburger – protestantische Gottesdienste stattfanden. Mit der um 1710 im Stil des Barock umgestalteten evangelischen Ulrichskirche ist das Ensemble ein Zeugnis der friedlichen Koexistenz der beiden Konfessionen.

So friedlich ging es nicht immer zu: Der Bildersturm des Glaubensstreits fegte 1537 auch durch die Basilika. Die dezimierte Ausstattung wurde danach – mit Unterstützung durch die reichen Fugger – erneuert. Die Bedeutung der katholischen Ulrichskirche für die Fugger belegen heute fünf Grabkapellen: Die imposanteste ist die Andreaskapelle, die Ulrich Fugger bereits 1480 gestiftet hatte. Man erkennt sie an der Arkadenwand im Stil der Renaissance, die zugleich die benachbarte Simpertkapelle vom Kirchenraum abgrenzt. Auf der Trennwand stehen die Terrakottafiguren von Christus und den Aposteln. Sie entstanden 1582. Je zwei weitere

Bild links: Figuren auf der Arkadenwand vor der Simpert- und der Andreaskapelle in der Ulrichsbasilika. Rechts: Nach dem Vorbild humanistischer Kräutergärtlein entstand die Grünanlage am Rabenbad.

2 AUGSBURGER ANSICHTEN

Bei den drei erhaltenen Wassertürmen am Roten Tor, errichtet im Stil der Renaissance, findet man heute das Schwäbische Handwerkermuseum.

Fuggerkapellen beiderseits des Langhauses und die Fuggerorgel erinnern an die Familie. In der spätgotischen Kirche sieht man unter anderem drei mehrgeschossige Altäre (von 1604 und 1607), eine Kreuzigungsgruppe von 1605 sowie zahlreiche weitere hochwertige Figuren und Gemälde.

Weil das Ulrichsviertel um das ehemalige Reichsstift am Südende des stadtmauerumgürteten Augsburg lag, ist es heute äußerst idyllisch in jene Verteidigungsanlagen eingebunden, gegen die im Dreißigjährigen Krieg mal die Schweden, mal kaiserliche Truppen anstürmten. Heute erlebt man einen Ansturm dann, wenn die Freilichtbühne am Roten Tor jährlich im Juni und Juli ihre Kassenhäuschen öffnet. Diese Spielstätte des Theaters Augsburg ist die größte Freilichtbühne Süddeutschlands und eine der schönsten in Deutschland. Und noch ein unvergessliches Erlebnis gibt es nur im Ulrichsviertel: Die in der ganzen Welt bekannte Augsburger Puppenkiste und ihre Spielstätte entdeckt man wenige Schritte vom Roten Tor entfernt im Heilig-Geist-Spital. Eintrittskarten sind rar, doch die berühmtesten Marionetten (wie Jim Knopf und das Urmel, Bill Bo, Kater Mikesch, Räuber Hotzenplotz, das Sams oder Monty Spinnerratz) kann man in einer Dauerausstellung des Puppenkistenmuseums „Die Kiste" sehen.

Der Blick über den Handwerkerhof auf zwei der dortigen Wassertürme.

DAS ULRICHSVIERTEL

IHR WEG ZU FUSS

Aufführung der Freilichtbühne am Roten Tor, das man im Hintergrund sieht.

Ziel: Die Ulrichsbasilika und die Heimat der Puppenkiste sehen

Zeit: Eine Stunde (fürs Museum „Die Kiste" noch eine Stunde einplanen)

Ausgangspunkt ist die ❶ Ulrichsbasilika am südlichen Ende der Maximilianstraße. Es empfiehlt sich, beim Besuch dieses zweitgrößten Sakralbaus der Stadt einen Kirchenführer zu kaufen. Die Stadtpatrone Afra, Ulrich und Simpert sind dort bestattet, die Fugger hatten in der Kirche fünf Grabkapellen. Auch die Besichtigung der ❷ evangelischen Ulrichskirche lohnt sich. Sehr beeindruckend ist zum Beispiel die flachbogige Tonnendecke im Régencestil. Von hier aus führt der Weg den Milchberg hinunter in die Spitalgasse. Dort versetzt ein Besuch des ❸ Wollmarkts – der Innenhof des einstigen Dominikanerinnenklosters

TIPPS

Puppenkiste: Infos zum Spielplan der Augsburger Puppenkiste und zum Museum „Die Kiste" unter Telefon 08 21/45 03 45-0 sowie im Internet (www.augsburger-puppenkiste.de).

Gastro: Im Heilig-Geist-Spital – der Spielstätte der Puppenkiste – gibt es ein Bistro und einen Museums-Shop.

Grün: Den Kräutergarten am Rabenbad sollte man sehen. Man darf dort Küchenkräuter schneiden.

Freilichtbühne: Kartenvorverkauf und Infos zum Programm bei der Regio Augsburg, Telefon 08 21/5 02 07-0.

Event: Im Advent findet im Handwerkerhof der „Handwerkerweihnachtsmarkt" statt.

2 AUGSBURGER ANSICHTEN

Prominente Marionetten der Puppenkiste sind im Museum „Die Kiste" zu sehen.

St. Margaret mit seinem offenen Laubengang – ins späte Mittelalter. Der früher hier abgehaltene Wollmarkt gab dem idyllischen Hof den Namen. Der nicht weit davon entfernte ❹ Kräutergarten am Rabenbad wurde im Stil eines humanistischen Sammlergartens angelegt. Er entstand trotz seines historischen Aussehens aber erst anlässlich der Bayerischen Landesgartenschau von 1985. Alle Besucher dürfen die in den buchsgefassten Beeten angebauten Küchenkräuter für den Eigenbedarf ernten. Neben Salbei und Lavendel blüht hier die Rose „Fuggerstadt Augsburg".

Auf dem Weg zum Wollmarkt und zum Rabenbad sieht man im Süden schon den massigen Baukörper des ❺ Heilig-Geist-Spitals, des letzten großen Augsburger Werks von Elias Holl. Durch einen ❻ Arkadenhof

Das Heilig-Geist-Spital ist wie das benachbarte Rote Tor ein Werk des Stadtbaumeisters Elias Holl. Die Augsburger Puppenkiste hat hier sowohl ihre Spielstätte als auch ihr Museum.

DAS ULRICHSVIERTEL

(Eingang beim Rabenbad) kommt man in den Handwerkerhof mit dem Brunnenmeisterhaus (es beherbergt nun das Schwäbische Handwerkermuseum) und zu drei jener Wassertürme, die seit dem 16. Jahrhundert die Stadt mit sauberem Trinkwasser aus dem Brunnenbach versorgten.

Im Spitalbau ist die weltweit wohl berühmteste Marionettenbühne, die ❼ Augsburger Puppenkiste, zu Hause. Seit dem Jahr 2001 kann man hier die „Stars an Fäden" im Museum „Die Kiste" bestaunen. Der südliche Nachbar der Puppenkiste ist das 1622 ebenfalls von Elias Holl neu erbaute ❽ Rote Tor am Roten-Tor-Wall. Der Wallgraben vor der angrenzenden, bis 1611 errichteten wehrhaften Bastei der Reichsstadt wird schon seit dem Jahr 1928 als Freilichtbühne genutzt.

Das Rote Tor und ein Wasserturm am südlichen Ende des Ulrichsviertels.

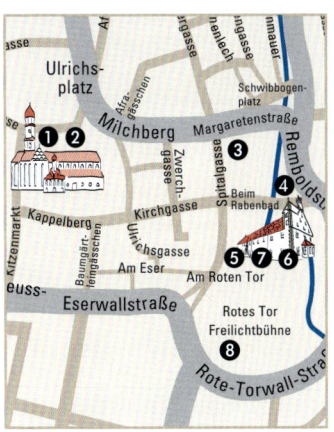

SEHENSWERT

❶ Katholische Basilika St. Ulrich und Afra: der zweitgrößte Sakralbau Augsburgs, Grabstätten der Heiligen Ulrich, Afra und Simpert

❷ Evangelische Kirche St. Ulrich

❸ Wollmarkt: mittelalterlicher Innenhof des Klosters St. Margaret

❹ Kräutergarten am Rabenbad

❺ Heilig-Geist-Spital (1623 bis 1631), das letzte große Bauwerk Elias Holls

❻ Arkaden- und Handwerkerhof mit drei Wassertürmen, Brunnenmeisterhaus und Handwerkermuseum

❼ Im Spitalbau: die Spielstätte der Augsburger Puppenkiste und das Puppentheatermuseum „Die Kiste"

❽ Wallanlagen am Roten Tor: im Wallgraben spielt jährlich die „Freilichtbühne am Roten Tor"

2 AUGSBURGER ANSICHTEN

Ein Stadtmauer-Spaziergang: mal Mauer, mal Wall, mal Wasser

Das große Abbrechen begann, als Augsburg bayerisch wurde. Der Schutz durch Stadtmauern und Stadttore, Wallanlagen und Wassergräben hatte für die vormals Freie Reichsstadt jede Bedeutung verloren. Übrig geblieben ist dennoch genug, was einen stillen Stadtmauer-Spaziergang entlang der östlichen Altstadt lohnend macht.

Mächtige Kriegshelden waren die Augsburger wohl nie. Als nüchterne Kaufleute und Handwerker wussten sie, dass Verhandeln und Taktieren weniger Geld kostet als Schießen, Zerstören und Totschlagen. Und die seit dem Mittelalter entstandenen Stadtmauern, Gräben und Wälle versprachen Schutz und Sicherheit. Wie massiv Augsburg befestigt war, zeigt ein Stadtmodell im Maximilianmuseum.

Der Großteil dieser Stadtmauern ist abgebrochen worden – als im Westen der Stadt der Bahnhof entstand und die reichen Kaufleute des

Bild oben: Stadtmauer beim Schwedenweg im Nordosten der Altstadt.
Links: Beim Spaziergang entlang der Mauern trifft man auch auf Kaiser Maximilian I. Sein Porträtrelief sieht man nahe des Wasserturms am Gänsbühl.

DIE WALLANLAGEN

19. Jahrhunderts ihre Gründerzeitvillen vor die zu eng gewordene Altstadt bauten. Rund 80 Prozent der Befestigungen verschwanden.

Breite Straßenzüge der westlichen Altstadt – Volkhartstraße, Fuggerstraße, Königsplatz und Konrad-Adenauer-Allee – entstanden auf verfüllten Stadtgräben und abgetragenen Wällen. Diese Boulevards hätten sich um die ganze Altstadt ziehen sollen. Zum Vorteil des Stadtbilds wurden diese Pläne jedoch nicht verwirklicht.

Erhalten blieben so Reste der Stadtbefestigung vom Wertachbrucker Tor im Norden über den Oblatterwall und das Jakobertor im Osten bis zu den südlichen Wallanlagen beim Roten Tor. Vier Tortürme, die Bastion am Lueginsland, Wälle, mehrere Abschnitte der Stadtmauern und kilometerlange Wassergräben können auf einem sieben Kilometer langen Spazierweg erkundet werden.

Die verwitterte Holzplastik des Hexenbrunnens an der Stadtmauer beim Fischertor erinnert an die Opfer der Hexenverbrennungen. Sie sollen hier auf ihrem Weg zum Scheiterhaufen ein letztes Mal zu trinken bekommen haben.

Das Wertachbrucker Tor ist der nordwestlichste noch existierende Teil der Augsburger Stadtbefestigung.

2 AUGSBURGER ANSICHTEN

Der „Stoinerne Mo" an der Stadtmauer bei der Schwedenstiege (links). Herbstliche Stimmung um den Stadtmauerturm „Beim Pfaffenkeller" (rechts).

IHR WEG ZU FUSS

Ziel: Ein romantischer Spaziergang entlang der Stadtmauer

Zeit: Rund zwei Stunden

Der Weg, der meist durch stille Grünanlagen führt, beginnt beim ❶ Wertachbrucker Tor. 1805 zog Kaiser Napoleon durch dieses nördliche Augsburger Stadttor ein, heutige Besucher der Stadt wenden sich dagegen in Richtung Osten zur Frauentorstraße. Durch das dortige ❷ Fischertor, ein 1925 erbautes Torhaus an der Stelle des historischen Torturms, und durch einen engen Treppenaufgang links daneben führt der Weg auf die Stadtmauern in Richtung Lueginsland – der Weg ist beschildert. Schon nach wenigen Schritten stößt man auf die hölzerne

Im trüben Nass des Wassergrabens bei der Kahnfahrt spiegeln sich Reste der alten Augsburger Stadtbefestigung.

DIE WALLANLAGEN

Elias Holl errichtete den Wasserturm am „Gänsbühl".

Figur des ❸ Hexenbrunnens. An dieser Stelle sollen wegen Hexerei verurteilte Frauen auf dem Weg zur Hinrichtung ein letztes Mal zu trinken bekommen haben. Auch wenn die ziemlich böse blickende Holzskulptur so aussieht, als hätte sie diese Zeiten miterlebt, stammt sie doch erst aus dem Jahr 1959.

Zur ❹ Bastion am Lueginsland folgt die Route der Stadtmauer. Dort stößt man im Sommer auf einen Biergarten und ganzjährig auf den Ausblick über die östlichen Vorstädte und auf Maschinenbau- und Papierfabriken. Von hier geht es ein paar Treppen abwärts zur Herwartstraße und von da in Richtung Stadtmitte (Beschilderung in Richtung St. Gallus). Man quert den Stephingerberg und wählt danach zwischen zwei Gehwegen entlang der Stadtmauer am Unteren Graben. Der obere Weg ist zu bevorzugen: erstens wegen der ihn begleitenden Stadtmauern und zweitens wegen der interessanten Aussicht auf die im Kern beinahe tausend Jahre alte Galluskirche und den Schwedenweg.

In einer Turmnische steht hier eine der Augsburger Sagengestalten, der ❺ „Steinerne Mann". Die eigentümliche Figur stellt den Bäckermeister Konrad Hacker dar. Er soll während einer Belagerung der Stadt im Dreißigjährigen Krieg von den Mauern des hungernden Augsburg

Ein romantischer Überrest der Stadtbefestigung: Den Fünfgratturm beim Oblatterwall nennen die Augsburger „Fünffingerlesturm". Die angrenzende Stadtmauer ist schon lange abgerissen.

2 AUGSBURGER ANSICHTEN

Zwei Relikte der Stadtbefestigung: das Jakobertor (links) und das Vogeltor.

einen Brotlaib gezeigt haben, um die feindlichen Truppen zu täuschen. Diese zogen ab, dem Bäcker aber zerfetzte eine Kanonenkugel den Arm, was ihn sein Leben kostete.

Nur ein paar Schritte weiter südlich geht es die 1632 von einer schwedischen Garnison erbaute Schwedenstiege steil hinab über den Unteren Graben in die Bert-Brecht-Straße.

Hier beginnt der Stadtgraben, der sich um die gesamte Jakobervorstadt und entlang von Handwerkeraltstadt und Ulrichsviertel bis zum Roten Tor zieht. In der Bert-Brecht-Straße stößt man auf das dritte Augsburger ❻ Elternhaus des Schriftstellers. Auf der anderen Seite des Wassergrabens sieht man die ❼ Kahnfahrt (wo man vom Biergarten aus den Booten zusehen kann) im Schatten des mächtigen ❽ Oblatterwalls. Hier war um 1900 sogar schon mal ein Hafen geplant.

Bei der Vogelmauer: die bunten Buden der Augsburger Dult zwischen Jakobertor und Vogeltor.

DIE WALLANLAGEN

Nach dem Oblatterwall folgen drei Türme: der anno 1608 von Elias Holl errichtete kleine ❾ Wasserturm am „Gänsbühl", der ❿ Fünfgratturm („Fünffingerlesturm" genannt) an der Unteren Jakobermauer und das 1346 erstmals urkundlich erwähnte ⓫ Jakobertor am Jakobertorplatz.

Wer hier die Straße überquert, trifft beim Weg durch die Obere Jakobermauer und Vogelmauer auf den verwunschen wirkenden ⓬ Jakoberwall und das mächtige ⓭ Vogeltor. Entlang der Vogelmauer erleben Besucher zwei Jahrmärkte – die „Osterdult" und die „Michaelidult" (Ende September). Erstere soll es seit dem 13. Jahrhundert geben, Letztere soll über tausend Jahre alt sein. Das Sortiment erstreckt sich von Geschirr und Töpfen über Socken, Süßes und Würstchen bis

Der Blick auf das Brunnenmeisterhaus beim Roten Tor.

TIPPS

Erlebnis: Die beiden Dulten zwischen Vogeltor und Jakobertor finden ab Ostern und nach dem Michaelitag am 29. September statt. Die traditionellen Jahrmärkte haben einen ganz und gar unmodischen Charme und ein witziges Sortiment.

Sightseeing: Die Jakobervorstadt liegt hinter dem Jakobertor, durch das im Jahr 1632 Gustav II. Adolf von Schweden einzog. Ganz nah: die Jakobskirche, Station der Wallfahrt nach Santiago de Compostela, und die weltberühmte Fuggerei.

Volksfest: Die Jakober Kirchweih am Jakobustag (25. Juli) entstand aus der Pilgerfahrt zum Grab des heiligen Jakob in Nordspanien. Seit dem 9. Jahrhundert gibt es die Jakober Kirchweih als weltliches Fest. Sie ist heute das älteste Volksfest Augsburgs.

Museen: Das Mozarthaus, die Fuggerei (mit dem Fuggereimuseum und dem Museum im „Weltkriegsbunker in der Fuggerei") und das Römische Museum liegen bei der Stadtmauer-Tour jeweils nur wenige Gehminuten vom Weg entfernt.

Gut essen: Wenige Schritte vom Fischertor findet man feine Küche im „Romantikhotel Augsburger Hof".

Erlebnis: Rudern im Stadtgraben in der Kahnfahrt, hinterher Currywurst oder ein Schnitzel zum Bier.

AUGSBURGER ANSICHTEN

SEHENSWERT

❶ Wertachbrucker Tor: heutige Form von Elias Holl, 1605

❷ Fischertor: Torhaus von 1925 an der Stelle des historischen Tors

❸ Hexenbrunnen: errichtet 1959

❹ Bastion Lueginsland: erbaut zwischen 1515 und 1704

❺ Der „Steinerne Mann": ein Augsburger Wahrzeichen an der Schwedenstiege

❻ Drittes Elternhaus Brechts in der Bert-Brecht-Straße

❼ Kahnfahrt: ein Rudervergnügen mit uriger Gastronomie

❽ Oblatterwall mit Wehrmauern und Wassergraben

❾ Wasserturm von Elias Holl, 1608

❿ Fünfgratturm, 1454 erbaut

⓫ Jakobertor: 1346 erstmals erwähnt

⓬ Jakoberwall: errichtet 1540/42, 1619 von Elias Holl ausgebaut

⓭ Vogeltor von 1445, Stadtmauer

⓮ Wallanlagen: 1611 erbaute Bastei am Roten Tor, heute Freilichtbühne

⓯ Rotes Tor: 1622 von Elias Holl umgebaut, südliches Stadttor

zu Angeboten des „billigen Jakob". Dessen Stand steht meist unterhalb des wuchtigen Vogeltors. Wer hier die Straße überquert, kann dem Wassergraben in der Grünanlage entlang der „Schwibbogenmauer" zum ⓮ Roten-Tor-Wall folgen.

Die Bastei und das ⓯ Rote Tor, durch das früher der Weg in Richtung Italien führte, bilden den krönenden Abschluss der Stadtmauer-Tour. Die Freilichtbühne, Wassertürme, das Brunnenmeisterhaus mit dem Handwerkerhof und dem Arkadenhof, das Heilig-Geist-Spital mit der Puppenkiste und ihrem Puppentheatermuseum „Die Kiste" und der Kräutergarten am Rabenbad wären allein schon einen Spaziergang zum oder durch das Ulrichsviertel wert.

Seit dem Jahr 1622 führte der Weg nach Italien durch das damals von Elias Holl erbaute Rote Tor.

DIE WALLANLAGEN

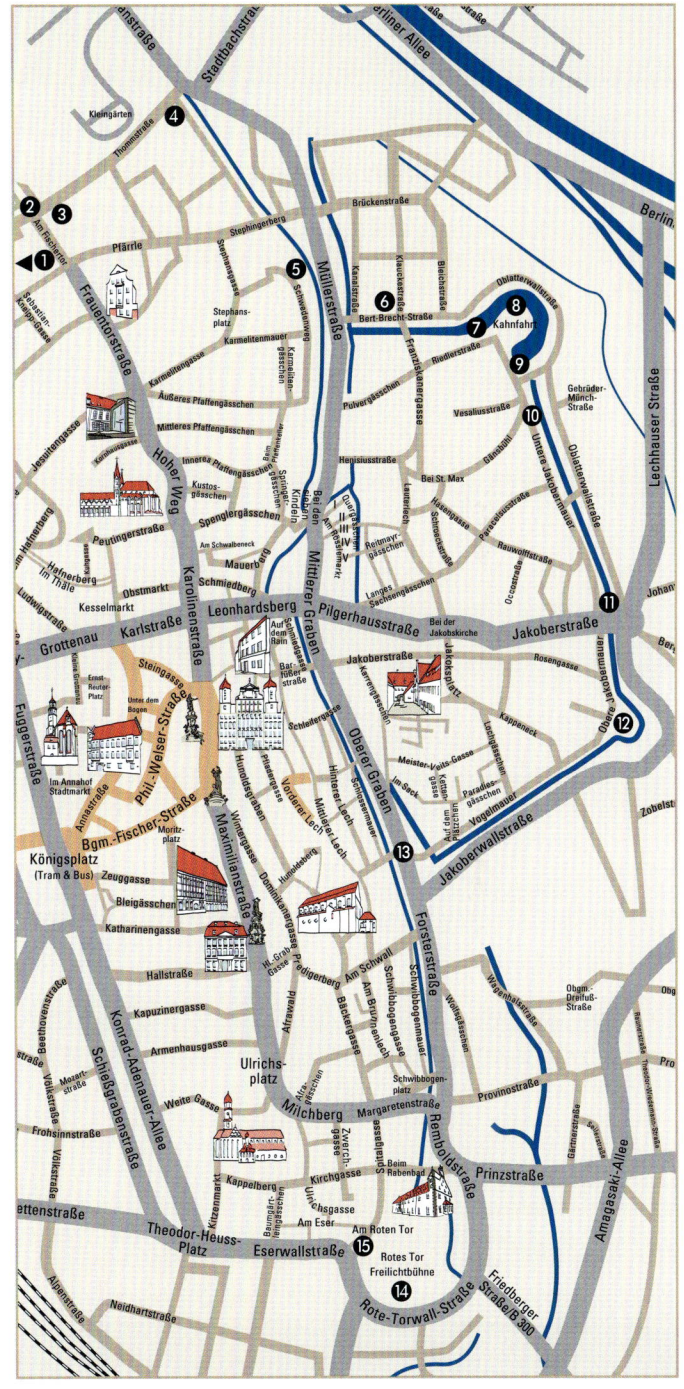

71

3 AUGSBURGER SPUREN

FUGGER, MOZART, BRECHT

Augsburg ist die Stadt der Fugger, der „deutschen Medici" im Zeitalter der Renaissance. Augsburg ist die wichtigste deutsche Mozartstadt: Leopold, der Vater und Lehrmeister des Komponisten Wolfgang Amadé Mozart, wurde hier geboren – und auch der Schriftsteller Bertolt Brecht. Eine Suche nach den Spuren großer Augsburger…

3 AUGSBURGER SPUREN

Fuggerstadt Augsburg – vom Dürer-Porträt bis zur Fuggerei

Augsburg nennt sich „Fuggerstadt". Es gab zwar viele reiche Kaufherren in Augsburg, aber keiner war so genial, so berühmt und wird so häufig in (Geschichts-)Büchern erwähnt wie Jakob Fugger, der ein die ganze Welt umspannendes Handels-, Textil-, Finanz- und Montanimperium aufbaute. Jakob Fugger finanzierte Päpste, Kaiser und Könige. Er stiftete die heute älteste Sozialsiedlung der Welt – die Fuggerei. Und er brachte mit Bauten wie der Fuggerkapelle und dem Damenhof die Renaissance von Italien nach Deutschland. Daneben kann man zahlreiche weitere Sehenswürdigkeiten und gleich zwei Museen in der Fuggerei besichtigen.

Um es gleich zu sagen: Wenn man Augsburg erklären will, steht das Thema „Fugger" nicht grundlos an erster Stelle. Denn nur wer weiß, welche Bedeutung Augsburg, seine Bankiers und Kaufherren zur Zeit der Entdeckung Amerikas hatten, wie reich und einflussreich die Stadt war, begreift heute, was man hier zu sehen bekommt. Als das Mittelalter zu Ende ging, profitierte Augsburg von der günstigen Lage zwischen dem Norden Deutschlands und Italien, wegen der schon die Römer die Stadt gegründet hatten. Entlang

Bild oben: Ein Sonntagmorgen in der Fuggerei – Bewohner auf dem Weg vom Gottesdienst zu ihren Häusern. Rechts: Dürer schuf das Porträt des reichen Kaufherrn Jakob Fugger.

DIE REICHEN FUGGER

der ehemaligen Römerstraße Via Claudia, die von Augsburg aus über die Alpen bis nach Norditalien führte, gab es im 14. und 15. Jahrhundert umfangreiche Handelsbeziehungen.

Mit Handelswaren wie Textilien, mit Luxusgütern aus dem wirtschaftlich sehr viel weiter entwickelten Italien und aus dem Orient, später dann mit Silber und Kupfer aus Tirol, verdien-

Die 68 Meter lange Fassadenfront der Fuggerhäuser an der Maximilianstraße. Hier war einst die Firmenzentrale des Fuggerkonzerns, heute arbeitet dort die Fürst Fugger Privatbank.

Ein Stück Italien an der Maximilianstraße: Der von Jakob Fugger erbaute Damenhof in den Fuggerhäusern war der erste profane Renaissancebau in Deutschland.

3 AUGSBURGER SPUREN

Im Serenadenhof in den Fuggerhäusern: Der Prunkerker erinnert an die Aufenthalte Kaiser Karls V., der sich oft in den dahinterliegenden Räumen aufhielt.

Der bayerische König Ludwig I. stiftete das einzige Fugger-Denkmal in Augsburg. Es ist Hans Jakob Fugger gewidmet: Seine Sammlung antiker Handschriften und Bücher bildet den Kern der Bayerischen Staatsbibliothek.

ten die Augsburger Kaufherren Geld. Die Welser, die stärkste Konkurrenz der Fugger, waren derart bedeutend, dass ihnen zwischen 1528 und 1556 das heutige Venezuela gehörte.

Die Fugger waren am Ende deshalb erfolgreicher, weil sie das Geschäft weniger waghalsig angingen. Streng genommen machten sie nicht viel anders als zahlreiche Augsburger Großunternehmer jener Zeit – nur immer einen Tick schneller, vorsichtiger und durchdachter. Das Filialnetz der Fugger-Firma erstreckte sich von der Adria bis zur Ostsee, vom Atlantik bis nach Osteuropa. Ihre Handelswege reichten bis nach Indien, Südamerika und Afrika.

Die Fugger waren zunächst Weber, die 1463 in die Kaufleutezunft überwechselten. Neben den Stoffen und dem Handel ruhte der Konzern auf zwei weiteren Säulen – auf Bergbau und Metallverarbeitung sowie auf Bankgeschäften und Münzwesen.

DIE REICHEN FUGGER

Das östliche Wappenportal am früheren Fuggerhaus zwischen der Philippine-Welser-Straße und der Annastraße.

Doch auch mit Ablassbriefen oder Kunst wurde Geld verdient.

Gute Beziehungen – zunächst zur römischen Kurie und dann zum Haus Habsburg – waren neben materiellen Werten der zweite Reichtum dieser Fugger. Die Fugger-Firma war Bankhaus mehrerer Päpste und prägte deren Münzen. Fuggersche Kredite ermöglichten erst die Gründung der Schweizergarde des Vatikans. Die Feldzüge und die Kaiserkrone Kaiser Maximilians I. und selbst die Wahl dessen Enkels Karl V. zum Kaiser eines Weltreichs zwischen Amerika und Ungarn, in dem „die Sonne nie unterging", wurden von Jakob Fugger aus Augsburg finanziert.

Nicht nur die Kaiser, sondern auch spanische und deutsche Könige, die Könige Ungarns, Englands und Portugals und die mächtigen Medici in Florenz hatten bei den Fuggern Schulden. Zum Verhängnis wurde

Einer der Putti auf der Schranke der Fuggerkapelle, dahinter ist einer der Epitaphe zu erkennen. In der Gruft unter der Kapelle wurden Jakob Fugger und seine älteren Brüder Ulrich und Georg bestattet.

3 AUGSBURGER SPUREN

DIE REICHEN FUGGER

dem Bankhaus die enge Bindung an die immer kreditbedürftigen Habsburger. Hauptschuldner Spanien erklärte sich für zahlungsunfähig: Drei spanische Staatsbankrotte kosteten die Fugger ein immenses Vermögen. Der „Dank des Hauses Habsburg" wurde sprichwörtlich.

Doch weder Zahlungsausfälle noch Wirtschaftskrisen, weder Glaubenskriege noch die Verlagerung der Verkehrswege schafften es, dieses Fugger-Imperium in den Konkurs zu treiben – zu groß war sein Reichtum. Die Familie gibt es bis heute: Drei Linien leben in und um Augsburg. In Babenhausen findet man heute ein Fuggermuseum. Das dortige Schloss hatte Anton Fugger – der Neffe und Nachfolger Jakob Fuggers – errichten lassen. Dieser Fugger hatte 1546 den höchsten Stand des Firmenvermögens bilanziert.

Zur Geschichte der Fugger gehört auch, dass Jakob Fugger mit der von ihm gestifteten Fuggerkapelle in der Annakirche bis 1512 den ersten (von Dürer geplanten) Renaissancebau nördlich der Alpen errichten ließ. Der bis 1515 erbaute Damenhof wurde einer der schönsten Renaissancehöfe Deutschlands. Wahrhaft fürstliche Pracht zeigen die fünf Fuggerkapellen in der Ulrichsbasilika.

Weltberühmt wurde vor allem eine wohltätige Stiftung Jakob Fuggers des Reichen. Er ließ zwischen 1514

Ein Flügel der Orgel in der Fuggerkapelle zeigt ihren hier bestatteten Stifter, Jakob Fugger „den Reichen".

und 1523 eine Armensiedlung für bedürftige Augsburger errichten. Die Jahres(kalt)miete ist seit dieser Zeit nominal gleich geblieben: Für eine Wohnung bezahlt man 0,88 Euro im Jahr (früher ein Rheinischer Gulden, der Wochenlohn eines Maurers). Teil der Miete ist die Auflage, dass alle Fuggereibewohner einmal täglich drei Gebete für den Stifter und seine Familie sprechen sollen – das „Vaterunser", das „Glaubensbekenntnis" und das „Ave Maria".

Die immer wieder renovierten, von der Fürstlich und Gräflich Fuggerschen Stiftungs-Administration verwalteten Wohnungen werden bis heute aus Stiftungsvermögen unterhalten. Viele Architekten und Sozialpolitiker reisen nach Augsburg, um die nach wie vor vorbildliche Konzeption der Fuggerei zu studieren.

Bild links: Albrecht Dürer plante die Fuggerkapelle in der Annakirche.

3 AUGSBURGER SPUREN

Gelbe Fassaden, weiße Fensterkreuze, grüne Fensterläden und Wilder Wein prägen die Optik der Fuggerei.

In den 140 Wohnungen der 67 Häuser leben heute rund 150 Augsburger. Diese „Stadt in der Stadt" mit acht

Im Fuggereimuseum: Film, Ausstellung und original erhaltene Räume erklären die Geschichte der Sozialsiedlung.

Gassen und sieben Toren hat sogar eine eigene Kirche. Der Eingang zur Fuggerei liegt an der Jakoberstraße.

Die wichtigsten Bauten und Sehenswürdigkeiten wurden beschildert und erklären so ihre Funktion und Geschichte. Die Herrengasse führt vorbei am zentralen Brunnen zur Mittleren Gasse 14, wo das 2006 neu gestaltete Fuggereimuseum zu

DIE REICHEN FUGGER

sehen ist (täglich von 8 bis 20 Uhr, Oktober bis März 9 bis 18 Uhr). Im einzigen noch original erhaltenen Haus der Fuggerei erfährt man mehr zum Wohnen in früheren Zeiten.

Zur Entstehung, zur Stifterfamilie und zu den Bewohnern – deren berühmtester Franz Mozart hieß und der ein Maurermeister sowie der Urgroßvater des Komponisten war – informiert die Dauerausstellung „Die Fugger und die Fuggerei". Sie leitet von der Entstehung der heute ältesten Sozialsiedlung der Welt bis zu ihrem Wiederaufbau und zur Erweiterung nach dem Zweiten Weltkrieg. Ein Museumsfilm, Exponate sowie Text- und Bildtafeln erklären die Fuggerei, heute das meistbesuchte Tourismusziel in Augsburg.

Eine öffentlich zugängliche Schauwohnung in der Ochsengasse zeigt, wie man heutzutage in der Fuggerei wohnt. Und im „Weltkriegsbunker in der Fuggerei" dokumentiert ein 2008 eröffnetes Museum die Zerstörung der Sozialsiedlung im Zweiten Weltkrieg. Es behandelt außerdem den umgehend beschlossenen Wiederaufbau und die Erweiterung bis 1973.

Die Gedenktafel erinnert daran: Auch der Maurer Franz Mozart, der Urgroßvater des Komponisten, lebte bis zu seinem Tod in der Fuggerei.

TIPPS

Museum: Das Fuggereimuseum und das Museum im „Weltkriegsbunker in der Fuggerei" sind täglich geöffnet.

Führung: „Auf den Spuren der reichen Fugger" ist die tägliche Stadtführung (Mai bis Oktober, 14 Uhr ab Rathaus, November bis April nur samstags). „Jakob Fugger höchstpersönlich" (ein Schauspieler) führt ab Mai am dritten Sonntag im Monat um 14 Uhr ab Rathaus (www.augsburg-tourismus.de).

Website: Infos zu Sehenswürdigkeiten, Terminen und den Fuggerschen Stiftungen unter www.fugger.de.

Souvenirs: Andenken und Literatur zu den Fuggern gibt es in der Fuggerei im „Himmlischen Fuggerei-Lädle". Zum Souvenir-Shop gehören ein Café und ein reizender Biergarten.

Gastro-Tipp: Mit leckerer regionaler Küche verwöhnt das Restaurant „Fuggerei-Stube" bei der Fuggerei.

Lese-Tipp: „Die Fugger. Die deutschen Medici in und um Augsburg" heißt der Reiseführer, der die Fugger-Story erzählt und zu Fuggerschen Sehenswürdigkeiten leitet. Erhältlich in der Fuggerei, in der Tourist-Info und im Buchhandel (www-context-mv.de).

Musik: „Die Fugger und die Musik" ist eine Konzertreihe in Fuggerkirchen und -schlössern – mit Werken vom Mittelalter über Klassik bis zur Moderne (www.augsburg-tourismus.de).

3 AUGSBURGER SPUREN

SEHENSWERT

❶ Albrecht Dürers Porträt von Jakob Fugger in der Staatsgalerie Altdeutsche Meister. Eingang über das Schaezlerpalais, Maximilianstraße 46 (Eintritt!)

❷ Fuggerhäuser: Stadtpalast der Fugger, von 1512 bis 1515 errichtet von Jakob Fugger, von Anton Fugger und späteren Fuggern ausgebaut

❸ Innenhöfe in den Fuggerhäusern: der Damenhof, der Serenadenhof und der kleine Zofenhof sind über die Zugänge Maximilianstraße 36 oder Zeugplatz 7 zu erreichen

❹ Denkmal Hans Jakob Fuggers (Philippine-Welser-Straße)

❺ Fuggerhaus „am Rindermarkt": zwei gotische Portale mit Fuggerwappen, Erker und Gedenktafel

❻ Fuggerkapelle: Grablege Jakob Fuggers und zwei seiner Brüder in der Annakirche, erster Renaissancebau nördlich der Alpen, geplant von Albrecht Dürer, 1509 bis 1512 erbaut

❼ Fuggerei: älteste Sozialsiedlung der Welt, gestiftet 1521, mit Fuggereimuseum, Weltkriegsbunker, Schauwohnung (Zugang Jakoberstraße)

❽ St. Peter am Perlach: hochwertige Ausstattung, darunter das Fuggerkreuz

❾ Ulrichsbasilika: fünf Grabkapellen der Fugger und die Fuggerorgel

IHR WEG ZU FUSS

Ziel: Die Fuggerstadt Augsburg im Schnelldurchgang erleben. Es gibt aber noch etliches mehr zu sehen.

Zeit: Zwei bis vier Stunden

Als Vorschlag: Start beim ❶ Porträt Jakob Fuggers (Dürer, um 1518) in der Staatsgalerie Altdeutsche Meister (Eingang beim Schaezlerpalais an der Maximilianstraße). Von dort aus sind es nur wenige Schritte bis zu den ❷ Fuggerhäusern. Vorbei am Adlertor (Maximilianstraße 38, dahinter arbeitet die Fürst Fugger Privatbank) führt der Weg zum Eingang Maximilianstraße 36. Von hier aus kommt man über den kleinen Zofenhof zum ❸ Damenhof. Durch eine weitere Tür gelangt man zum Serenadenhof mit dem Erker, hinter dem Wohnräume Karls V. lagen.

Nach einem Besuch der Fuggerhäuser geht es weiter in Richtung Stadtmitte und zum Merkurbrunnen am Moritzplatz, wo man nach der Moritzkirche in die Bürgermeister-Fischer-Straße und hier sofort wieder nach rechts in die Philippine-Welser-Straße abbiegt. Hier steht das ❹ Denkmal für Hans Jakob Fugger. Man folgt der Philippine-Welser-Straße in Richtung Rathausplatz und kommt so am ehemaligen ❺ Fuggerhaus „am Rindermarkt" vorbei. Gleich nach dem prächtigen gotischen Portal an der Ostfassade biegt man nach links in das schmale Mettlochgässchen ab, wo man den

DIE REICHEN FUGGER

Nachbau des im Zweiten Weltkrieg zerstörten Erkers der „Goldenen Schreibstube" Jakob Fuggers findet. Am Ende der Gasse wendet man sich erneut nach links und sieht so eine steinerne Gedenktafel sowie das Fuggerwappen am Portal der Westfassade an der Annastraße.

Nach wenigen Schritten geht es rechts in die ❻ St.-Anna-Kirche. Durch eine kleine Tür im Kirchhof kommt man über den Kreuzgang zur Kirche und zur Fuggerkapelle. Sie wurde von Jakob Fugger gemeinsam mit der ❼ Fuggerei gestiftet. Die älteste Sozialsiedlung der Welt findet man im Osten der Altstadt (Eingang Jakoberstraße). Sie ist von der Annakirche aus in rund 15 bis 20 Minuten zu Fuß zu erreichen. Der Weg führt vorbei am Rathaus und an der für die Fugger wichtigen Kirche ❽ St. Peter am Perlach. Das gotische Fuggerkreuz hängt unter der Westempore. Auch das Hochaltarbild (Jesus als guter Hirte) ist eine Fuggersche Stiftung.

Definitiv lohnend ist der Abstecher in die spätgotische ❾ Ulrichskirche am Südende der Maximilianstraße. Die Fuggerorgel und fünf Fuggerkapellen zeigen die tiefe Verbundenheit der Familie mit der Kirche des ehemaligen Benediktinerklosters.

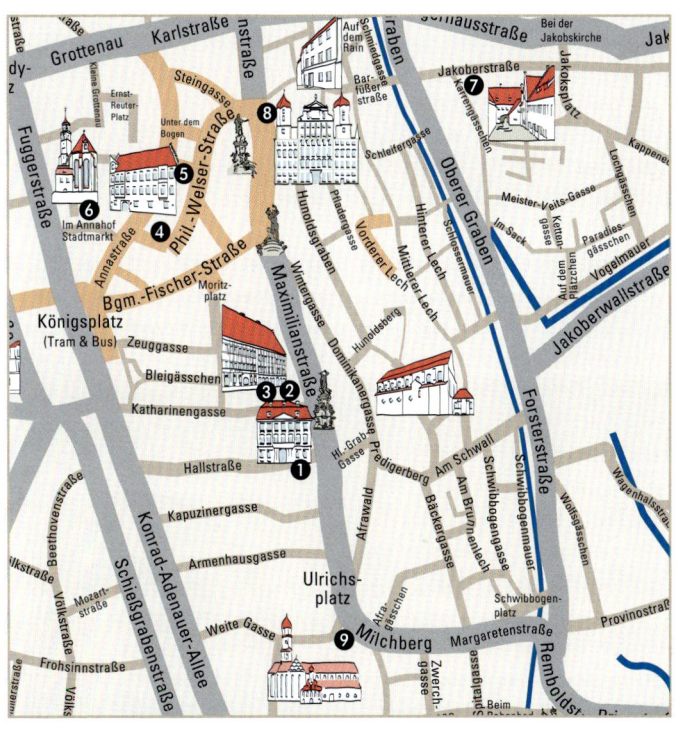

AUGSBURGER SPUREN

Ein Geburtshaus, viele Erinnerungen: die deutsche Mozartstadt Augsburg

Leopold Mozart, der Vater des genialen Komponisten Wolfgang Amadé Mozart, wurde in Augsburg geboren. Umfeld und Erziehung in der damaligen Kunsthauptstadt Süddeutschlands prägten den Vater – und durch ihn den Sohn. Das Mozarthaus und weitere Mozartstätten erinnern an die Kindheit und Jugend Leopolds – und an fünf Aufenthalte Wolfgang Amadé Mozarts. In seiner Vaterstadt entdeckte er mit seinem „Bäsle" die Liebe.

Das Augsburg des 18. Jahrhunderts war Kunsthauptstadt Süddeutschlands. Vor allem die Gold- und Silberschmiede, Maler, Kupferstecher und Buchdrucker genossen europaweit einen guten Ruf. Kritiker des Rokoko beschimpften die neue Stilrichtung als „Augsburger Geschmack". Man zählte zwölf Buchdrucker und zehn Buchhandlungen – in München gab es gerade mal drei. Im geistig anregenden Umfeld des Domviertels, nah an der Residenz der Bischöfe, wurde Leopold Mozart 1719 in eine 1643 nach Augsburg eingewanderte Familie von Baumeistern, Bildhauern und Buchbindern hineingeboren. Dort wuchs er auf, dort erhielt er

Bild oben: Eines der „Konzerte im Fronhof" vor der früheren Bischofsresidenz. Hier steht das Denkmal für Leopold und Wolfgang Amadé Mozart (rechts).

DIE MOZARTSTADT

seine umfassende – auch musikalische – Bildung. Leopold Mozart blieb Augsburger Bürger – bis ans Ende seiner Tage. Als freier Bürger einer Reichsstadt fühlte er sich in einer Welt voller Adelswillkür sicherer.

Und der geniale Sohn, wie sein Vater ein aufsässiges Kind der Aufklärung? Wolfgang Amadé war 1763, 1766, 1777, 1781 und 1790 in Augsburg.

Er besuchte Verwandte und Freunde der Familie, spielte auf der besonders aufwändig konstruierten Orgel eines Augsburger Instrumentenbauers und gab ein umjubeltes Konzert in den Fuggerhäusern. Die Sehenswürdigkeiten der Stadt hat er natürlich auch besichtigt. Mit seiner Cousine, dem „Bäsle" Maria Anna Thekla Mozart, erforschte er erstmals die körperliche Liebe. Später schrieb er ihr seine ferkeligen „Bäsle-Briefe". Auch deshalb ist Augsburg neben Wien und Salzburg die dritte unter den bedeutenden Mozartstädten.

Im Mozarthaus an der Frauentorstraße sieht man Leopold Mozarts in Augsburg verlegten „Versuch einer gründlichen Violinschule" von 1756 und erfährt vieles über ihn, seinen genialen Sohn und die Augsburger Mozarts.

Im Domviertel lebten die Mozarts über Generationen. Leopold Mozart wuchs unweit der Bischofskirche auf. Sie war die Taufkirche seiner acht Geschwister.

3 AUGSBURGER SPUREN

Der Kleine Goldene Saal in der Jesuitengasse erinnert an die Schulzeit Leopold Mozarts. Dieser Saal ist nur im Rahmen von Gruppenführungen und bei Veranstaltungen zugänglich.

IHR WEG ZU FUSS

Ziel: Die wichtigsten Mozart-Stätten der Mozartstadt Augsburg sehen

Zeit: Ab zwei bis drei Stunden

Augsburg ist voller Erinnerungen an die Familie Mozart und an Leopold und Wolfgang Amadé Mozart. Eine Mozart-Route beginnt am besten am ❶ Mozarthaus in der Frauentorstraße 30, in dem Leopold Mozart im November 1719 geboren wurde. Der in Augsburg aufgewachsene Leopold war nicht nur der Vater, sondern auch der Entdecker, einzige Erzieher, der Musiklehrer und der „Manager" seines genialen Sohns.

1756 gab Leopold in Augsburg den „Versuch einer gründlichen Violinschule" heraus, der ihn europaweit als fähigen Musikpädagogen bekannt machte. Dieses Werk ist im Mozarthaus zu sehen. Zur Gedenkstätte fährt man übrigens besser nicht mit dem Auto – man wird nur schwer einen Parkplatz finden. Die Straßenbahnhaltestelle ist gleich neben dem Mozarthaus.

Von dort geht es in Richtung Stadtzentrum. Nach nur zwei bis drei Gehminuten erreicht man bereits die Jesuitengasse. Hier erinnert der ❷ Kleine Goldene Saal des ehemaligen, von einem Fugger gestifteten Jesuitenkollegs an die Schulzeit Leopold Mozarts. Der Rokokosaal

Nahe der Bischöflichen Residenz, vor der heute „Konzerte im Fronhof" stattfinden, wuchs Leopold Mozart auf.

DIE MOZARTSTADT

Deutschlands einziges Doppeldenkmal für Vater und Sohn Mozart steht seit 1991 im Fronhof – vor der ehemaligen Fürstbischöflichen Residenz beim Dom.

lohnt eine Besichtigung (weitere Informationen zu Führungen bei der Regio Augsburg Tourismus GmbH).

Nach ein paar Schritten weiter auf der Frauentorstraße steht man bereits vor dem ❸ Dom, der für die Augsburger Mozarts die eigentliche Pfarrkirche war. Acht Geschwister Leopolds wurden hier getauft. Westlich des Mariendoms liegen die frühere ❹ Residenz der Fürstbischöfe (heute der Sitz der Regierung von Schwaben) und der Fronhof. In der Grünanlage steht das Doppeldenkmal für Vater und Sohn Mozart. Westlich der Residenz findet sich der ehemalige bischöfliche ❺ Hofgarten, eine Gartenanlage mit grotesken Barockzwergen, mit Buchs, Blüten und dem Blick auf den Turm

TIPPS

Museum: Das Mozarthaus (Frauentorstraße 30) ist dienstags bis sonntags von 10 bis 17 Uhr geöffnet.

Führung: „Mozarts erste Liebe" heißt eine Führung der Regio Augsburg mit dem „Bäsle" (Mai bis Oktober, jeden ersten Samstag im Monat, 14 Uhr). Infos unter Telefon 08 21/5 02 07-0.

Mozartfeste: Augsburg feiert beide Mozarts jährlich mit dem „Augsburger Mozartfest" oder dem „Deutschen Mozartfest". Infos bei der Regio.

Konzerte im Fronhof: Ein Wochenende im Juli mit Mozartklängen im Fronhof und im Rokokosaal der Fürstbischöflichen Residenz.

Lese-Tipp: „W.A. Mozart und Augsburg: Vorfahren, Vaterstadt und erste Liebe" erklärt die Geschichte der Mozarts und führt zu den Mozartstätten.

3 AUGSBURGER SPUREN

SEHENSWERT

❶ Mozarthaus: das Geburtshaus Leopold Mozarts, Gedenkstätte

❷ Kleiner Goldener Saal: Rokokosaal, erbaut 1763 bis 1765

❸ Dom: die Taufkirche zahlreicher Mitglieder der Familie Mozart

❹ Fürstbischöfliche Residenz: Rokokosaal und Rokokotreppenhaus, im Fronhof das Mozart-Denkmal

❺ Hofgarten (Barockgarten)

❻ Katholische Heilig-Kreuz-Kirche: Leopold Mozart war hier Sängerknabe, der Sohn 1777 zu Besuch.

❼ Gedenktafel am „Weißen Lamm"

❽ Perlachturm: Glockengeläut (unter anderem) mit Mozartmelodien

❾ Rathaus, Goldener Saal und Rathausplatz

❿ Fuggerhäuser: 1777 gab hier Wolfgang Amadé Mozart ein Konzert

⓫ Schaezlerpalais: Rokokopalais mit Festsaal und „Barockgalerie"

⓬ Wohnhaus des Klavier- und Orgelbauers Johann Andreas Stein: Gedenktafel (Ulrichsplatz 10)

⓭ Basilika St. Ulrich und Afra: Leopold war hier Sängerknabe, sein Sohn spielte 1777 auf der Fuggerorgel.

der katholischen ❻ Heilig-Kreuz-Kirche. Wer sich Zeit für diesen Sakralbau (mit einem Gemälde von Peter Paul Rubens) nimmt, in dem Leopold Mozart Sängerknabe war und Wolfgang Amadé Gast im benachbarten Chorherrenstift, geht anschließend den Weg zurück über die Ludwigstraße. Dort erinnert die ❼ Gedenktafel am ehemaligen Hotel „Zum Weißen Lamm" an die Aufenthalte von Wolfgang Amadé Mozart und Johann Wolfgang von Goethe. Vom Dom wie von hier aus sind es jeweils höchstens fünf Gehminuten zum Rathausplatz.

Vom ❽ Perlachturm klingen täglich (um 11, 12, 17 und 18 Uhr) Melodien (auch von Mozart) über den Platz, auf dem früher das Bauwerk stand, in dem Wolfgang Amadé 1777 ein Konzert vor Augsburger Patriziern gegeben hatte. Das ❾ Rathaus und den Goldenen Saal hatte die Familie Mozart bei ihrem Augsburg-Besuch (1763) besichtigt. Wieder fünf Minuten vom Rathausplatz entfernt kommt man in der Maximilianstraße zu den ❿ Fuggerhäusern, wo Wolfgang Amadé Mozart 1777

Das Relief an der Gedenktafel beim ehemaligen Hotel „Zum Weißen Lamm" erinnert an den berühmten Gast.

DIE MOZARTSTADT

Das Mozarthaus: Das Geburtshaus Leopold Mozarts und die dortige Ausstellung wurden zum Mozartjahr 2006 neu gestaltet.

einen Auftritt im „Hochgräflichen Konzertsaal" hatte. Von den Fuggerhäusern geht es vorbei am „Hotel Drei Mohren" (im Vorgängerbau der Nobelherberge logierte die Familie Mozart – so wie Casanova, Kaiser Franz II., König Wilhelm Friedrich I. von Preußen und dessen Thronfolger) zum ⓫ Schaezlerpalais.

Dieser Rokokobau ist keine Mozartstätte, gibt aber mit der prächtigen Fassade, dem Festsaal mit einem Deckenfresko von Guglielmi und der „Barockgalerie" den Stil und das Lebensgefühl dieser Epoche wider. Von dort folgt man der Maximilianstraße bis zum Ulrichsplatz, wo das ⓬ Haus des bekannten Orgelbauers Johann Andreas Stein steht, den Mozart 1777 besuchte. Zusammen mit Stein, seiner Mutter und dem „Bäsle" besichtigte er die benachbarte ⓭ Ulrichsbasilika wegen der „Fuggerorgel". Vater Leopold war auch in dieser Kirche Sängerknabe.

3 AUGSBURGER SPUREN

Bert Brecht und sein Augsburg: die Spuren des großen Schriftstellers

Am 10. Februar 1898 kam in der Handwerkeraltstadt hinter dem Rathaus Eugen Berthold Friedrich Brecht zur Welt. Er nannte sich Jahre später „Bertolt Brecht", schrieb die „Dreigroschenoper" und wurde einer der am häufigsten aufgeführten Autoren der Welt. Brecht schrieb: „Augsburg ist eine Scheiß-Stadt", aber nach seinen Irrwegen durch die halbe Welt erinnerte er sich mit Wehmut an die Stadt seiner Kindheit und Jugend.

Er schrieb die „Dreigroschenoper", „Die heilige Johanna der Schlachthöfe", „Mutter Courage und ihre Kinder" oder „Der Kaukasische Kreidekreis". Aber begonnen hat er in Augsburg – mit einer Schülerzeitung, mit vernichtenden Kritiken über das hiesige Stadttheater und mit seinen Frühwerken „Baal" und „Trommeln in der Nacht". Nachdem es Bertolt Brecht nicht schaffte, seine „Lehrer zu erziehen", versuchte er, die Welt durch seine Literatur zu verbessern. Das ist dem Augsburger Schriftsteller zwar auch nicht geglückt. Doch immerhin zählt er bis heute zu wenigen Autoren, deren Werke welt-

Bild oben: Vor Brechts Geburtshaus. Rechts: Kurzhaarschnitt, Ledermantel, Zigarre: Der junge Brecht inszenierte sich gern als unangepasster Literat.

ZU BERT BRECHT

Das Geburtshaus Bert Brechts „Auf dem Rain 7" ist heute ein Museum.

weit am häufigsten für die Theaterbühnen inszeniert werden.

Geboren wurde der Schriftsteller, dessen Helden Proleten und die Verlierer dieser Welt waren, über einer Feilenhauerei in der Handwerkeraltstadt östlich des Rathauses. Wegen des dort herrschenden Lärms zog Familie Brecht wenig später in das Haus „Bei den sieben Kindeln 1" um. Auch hier blieb man nur kurz und zog in die Bleichstraße – wenige Schritte von der heutigen Bert-Brecht-Straße entfernt. Auf dem Perlachturm hat Brecht 1914 Ausschau nach feindlichen Flugzeugen gehalten. Der Goldene Saal des Rathauses inspirierte ihn zum „Augsburger Kreidekreis". Dem Rathausplatz wie dem „Plärrer", Augsburgs großem Volksfest, hat er literarisch ein Denkmal gesetzt. Die ersten 22 Jahre seines Lebens hat Bert Brecht in Augsburg verbracht – die Stadt seiner Kindheit hat ihn geprägt wie keine andere.

Brechts Gedenkstätte zeigt den Lebensweg des vom NS-Regime verfolgten Autors durch halb Europa und die Vereinigten Staaten bis zu seinem Tod in (Ost-)Berlin.

3 AUGSBURGER SPUREN

In der Barfüßerkirche, nur Schritte vom Geburtshaus entfernt, wurde Eugen Berthold Friedrich Brecht getauft.

IHR WEG ZU FUSS

Ziel: Zwei Routen absolvieren – eine kurze von Brechts Geburtshaus zum Rathaus. Und eine etwas längere zu Brechts späteren Elternhäusern.

Zeit: Ab zwei Stunden (mit Museum)

„Die Vaterstadt, wie find ich sie doch?", schrieb Bert Brecht im Jahr 1943. Dass er dabei an Augsburg dachte, das im Folgejahr durch Fliegerbomben zerstört wurde, liegt auf der Hand. Der Weg durch Bert Brechts Geburtsstadt beginnt beim ❶ Brechthaus „Auf dem Rain 7". Es liegt in der Handwerkeraltstadt hinter dem Rathaus (was bedeutet: Parken ist ganz schwierig).

Die kurze Tour führt auf den Spuren des Schriftstellers vorbei an dessen Taufkirche, der nahen ❷ Barfüßerkirche in der Barfüßerstraße, zum ❸ Perlachturm. Nach 258 Stufen genießt man einen Blick über die ganze Stadt (bei klarer Sicht bis zu den Alpen). 1914 beschrieb Gymnasiast Brecht, wie er als Turmwächter nach den feindlichen Flugzeugen Ausschau gehalten hatte. Das benachbarte ❹ Rathaus und dessen

TIPPS

Führungen: Die Regio Augsburg Tourismus GmbH bietet Führungen auf den Wegen des großen Schriftstellers an (Telefon 08 21/5 02 07-0).

Erlebnis-Tipp: Die „Kahnfahrt" ist nach wie vor ein ganz spezielles Augsburger Sommervergnügen – nichts Feines, aber sehr originell.

Lese-Tipp: „Brechthaus" heißt das Begleitbuch zur Ausstellung, das es (für 5 Euro) in der Gedenkstätte oder bei der Tourist-Information gibt.

Prospekt: „Geburtsstadt Bert Brechts – Bertolt Brecht und seine Wege in Augsburg" ist ein Prospekt der Regio Augsburg. Er steht zum Download im Web: www.augsburg-tourismus.de.

Die Gedenktafel am Brechthaus „Bei den sieben Kindeln".

ZU BERT BRECHT

Bei Brechts Elternhaus Nummer zwei: das Haus „Bei den sieben Kindeln".

Goldenen Saal machte Brecht 1940 zum Schauplatz seiner Geschichtsnovelle „Der Augsburger Kreidekreis", die er in der Zeit des Dreißigjährigen Krieges stattfinden ließ. 1944 gestaltete er aus diesem Stoff sein weltberühmtes Theaterstück „Der Kaukasische Kreidekreis".

Wer sich nach dieser Einführung weiter auf den Spuren Bert Brechts bewegen will, geht vom Brechthaus „Auf dem Rain 7" zum nur drei Minuten entfernten Brechthaus Nummer zwei, das die Familie vom September 1898 bis zum September 1900 bewohnte. Das ❺ Haus „Bei den sieben Kindeln 1" hat seinen Namen von dem in die Wand des Nachbarhauses eingemauerten römischen Relief. Gleich nach dem Gebäude hat man einen freien Blick auf ❻ Lechkanäle und Stadtmauern: Eindrücke, die Kindheit und Jugend Brechts begleitet haben.

Brechts Elternhaus Nummer drei liegt in der Bleichstraße.

3 AUGSBURGER SPUREN

SEHENSWERT

❶ Brechthaus: Geburtshaus Bertolt Brechts und Gedenkstätte

❷ Barfüßerkirche: Brechts Taufkirche

❸ Perlachturm: Während des Ersten Weltkriegs hielt Brecht hier nach feindlichen Flugzeugen Ausschau.

❹ Goldener Saal im Rathaus: Hier ließ Brecht seinen „Augsburger Kreidekreis" spielen.

❺ Zweites Elternhaus Brechts „Bei den sieben Kindeln"

❻ Stadtmauer und Lechkanäle auf dem Weg zur Bert-Brecht-Straße

❼ Drittes Elternhaus Brechts (Bleichstraße 2)

❽ Wohnhaus von Brechts Vater, der hier für seinen Sohn eine Mansarde anmietete (Bert-Brecht-Straße)

❾ Kahnfahrt: ein originelles und traditionsreiches Augsburger Sommervergnügen

❿ „Stoinerner Mo" (Steinerner Mann): Die Steinfigur des Bäckermeisters Konrad Hacker, eine Augsburger Sagengestalt aus der Zeit des Dreißigjährigen Kriegs, soll Bertolt Brecht zu einer Szene der „Mutter Courage" inspiriert haben.

⓫ „Buchhandlung am Obstmarkt": weltweit einmaliger Brecht-Shop

Von hier sind es wiederum ein paar Minuten zum dritten ❼ Wohnhaus der Familie Bert Brechts, das in der Bleichstraße 2, direkt an der heutigen Bert-Brecht-Straße, liegt. Der junge Autor bewohnte eine Dachkammer. Hier schrieb er Gedichte und seine Frühwerke „Baal" und „Trommeln in der Nacht". Eine Gedenktafel erinnert an ihn.

Als Brecht längst in Berlin lebte, zog sein Vater 1928 (die Mutter war 1920 gestorben) in das benachbarte ❽ Haus. Vater Brecht mietete hier eine Mansarde an, die sein Sohn mehrmals bewohnte. Von beiden Häusern aus sieht man bereits die ❾ Augsburger Kahnfahrt, ein uriges Freiluftlokal an der alten Stadtmauer am Oblatterwall (Eingang Riedlerstraße). Im Stadtgraben ruderte man auch schon zu Brechts Zeiten. Heute kann man zwischen Ruder-

Blick auf die Kahnfahrt am Oblatterwall.

ZU BERT BRECHT

und Tretboot wählen oder nah am Wasser Bier, Schnitzel und Wurstsalat genießen.

Wer durch die Wallanlagen spaziert, durch die Brechts Schulweg führte, begegnet hier dem ❿ „Steinernen Mann" bei der Schwedenstiege, der an den Dreißigjährigen Krieg erinnert. Es soll Glück bringen, an seiner Nase zu reiben. Bert Brecht soll er zu einer Szene der „Mutter Courage" inspiriert haben.

Von dort führt der Weg in 20 Minuten zurück ins Stadtzentrum. Hier lohnt der Weg zur ⓫ „Buchhandlung am Obstmarkt". Der dortige Brecht-Shop lockt mit einem Sortiment von Bert Brechts Büchern über Brecht-Zigarren bis zur Brecht-Spieluhr.

Einzigartig ist der Augsburger Brecht-Shop in der kleinen „Buchhandlung am Obstmarkt". Sein Sortiment bietet Bücher und Zeitschriften zum Thema „Bert Brecht", aber auch Plakate, Postkarten und andere Brecht-Souvenirs.

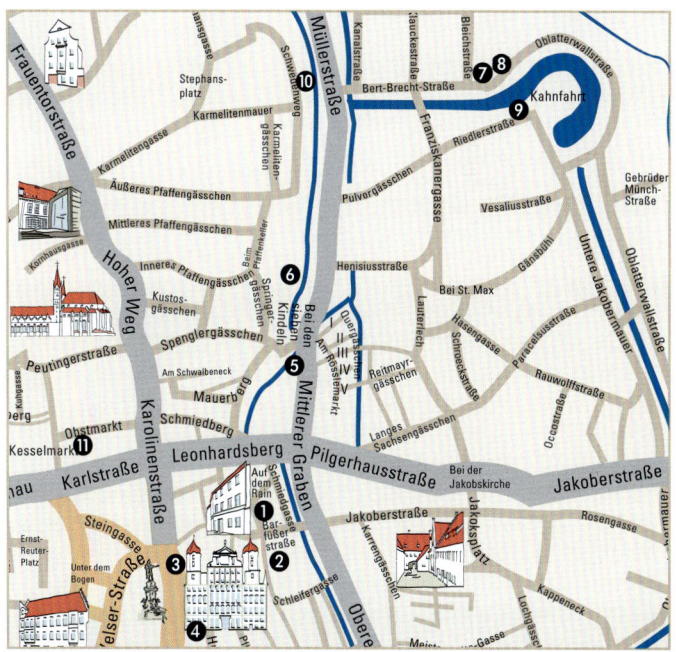

4 AUGSBURGER FACETTEN

DIE ENTDECKUNGEN

Es gibt Dinge, die man erst auf den zweiten Blick wahrnimmt und die den Weg dennoch lohnen. Augsburgs Museen etwa, die mit einer europäischen Goldmedaille prämierten Gärten und Parks der Stadt oder die Architekturdenkmäler aus der Zeit zwischen Mittelalter und Moderne. Einzigartig ist das Friedensfest, ein weltweit nur in Augsburg begangener Feiertag, bedeutsam ist Augsburgs Rolle als Reformationsstadt: Das „Augsburger Bekenntnis" ist weltweit ein Begriff.

AUGSBURGER FACETTEN

In die Museen – zu Holzköpfen und Fuggern, Silberschätzen und Römern

Was die Zahl der Besucher angeht, ist das Fuggereimuseum sicher die Nummer eins in Augsburgs Museumslandschaft. Ähnlich gut besucht sind das Schaezlerpalais und die holzköpfigen Marionetten im Museum der Augsburger Puppenkiste. Augsburg hat aber noch viel mehr zu bieten: die Gedenkstätten in den Geburtshäusern Leopold Mozarts und Bert Brechts, Römerfunde und Diesels ersten Motor, Malerei der Gotik und des Barock, „Augsburger Silber" oder das Bayerische Textil- und Industriemuseum.

Die Augsburger Fuggerei ist weltberühmt – über 200 000 Besucher jährlich wollen sie sehen. Fast alle kommen ins Fuggereimuseum, wo im einzigen original erhaltenen Haus aus dem 16. Jahrhundert ein Wohn- und ein Schlafraum, Küche und Flur das Leben in der ältesten Sozialsiedlung der Welt zeigen. Jakob Fugger hat die Fuggerei 1521 gestiftet: Die Dauerausstellung „Die Fugger und die Fuggerei" erzählt die Geschichte des Stifters und seiner Familie sowie die bewegte Historie der Sozialsiedlung, die zweimal zerstört und wieder aufgebaut wurde. Ein Film, Exponate, Text- und Bildwände erklären die Stiftung. Info-Tafeln beschreiben Bauwerke und Architektur der Fuggerei. Eine Schauwohnung

Bild oben: Im kleinen Fuggereimuseum.
Rechts: Das Römische Museum zeigt den Pferdekopf einer Reiterstatue.

DIE MUSEEN

zeigt das Leben in der Fuggerei von heute. Der „Weltkriegsbunker in der Fuggerei" im Luftschutzraum von 1944 beleuchtet die Zerstörung der Sozialsiedlung und Augsburgs im Zweiten Weltkrieg sowie den Wiederaufbau.

Fuggereimuseum
April – September 8 – 20 Uhr
Oktober – März 9 – 18 Uhr
Telefon 08 21/31 98 81-0
www.fugger.de

Der „Weltkriegsbunker in der Fuggerei" zeigt die Zerstörung der Sozialsiedlung und der Stadt Augsburg im Jahr 1944.

Jim Knopf, der kleine König Kalle Wirsch, das Urmel, das Sams und Kater Mikesch: Die „Stars an Fäden" sind in der Augsburger Puppenkiste

Jim Knopf und der Lokomotivführer Lukas im Museum der Puppenkiste.

AUGSBURGER FACETTEN

Der Festsaal im Schaezlerpalais ist ein unvergesslicher Höhepunkt bei der Besichtigung der Kunstsammlungen in diesem glanzvollen Rokokopalast.

zu Hause. Die Marionetten mit den markanten Holzköpfen kann man im Museum „Die Kiste" in Originalbühnenbildern und in liebevoll arrangierten Schaukästen sehen. Dieses Museum im Haus der Marionettenbühne ist das erfolgreichste Puppentheatermuseum Europas und das meistbesuchte Kinder- und Familienmuseum Deutschlands. Dreimal jährlich gibt es eine Sonderausstellung.
„Die Kiste" – das Museum der Augsburger Puppenkiste
Di – So 10 – 19 Uhr, Kasse bis 18 Uhr
Spitalgasse 15
Telefon 08 21/45 03 45-0
www.diekiste.net

Augsburgs schönstes Museum ist ein Rokokopalast: Im Inneren des Schaezlerpalais sieht man nicht nur die Grafische Sammlung und die Deutsche Barockgalerie, sondern auch den Festsaal. Im glanzvollen Rokokosaal tanzte 1770 anlässlich der Einweihung Maria Theresias Tochter Marie Antoinette. Unter den Gemälden in der Barockgalerie, zumeist von Augsburger Meistern des 17. und 18. Jahrhunderts, finden sich auch Werke weltberühmter Maler wie Peter Paul Rubens, van Dyck und Tiepolo.
Schaezlerpalais und die Staatsgalerie Altdeutsche Meister
Di 10 – 20 Uhr, Mi – So 10 – 17 Uhr
Maximilianstraße 46
Telefon 08 21/3 24-41 02
www.augsburg.de

1719 wurde im Handwerkerhaus an der Frauentorstraße Leopold Mozart, Wolfgang Amadé Mozarts Vater – sein Entdecker, Erzieher, Musiklehrer und „Manager" –, geboren. Heute ist das Mozarthaus eine Gedenkstätte für die Familie dieses Musikgenies. Mit Gemälden, Originalinstrumenten, Grafiken, Stichen und einem Audio-

DIE MUSEEN

Auge in Auge mit Wolfgang Amadé Mozart im Geburtshaus seines 1719 hier geborenen Vaters Leopold.

Guide informiert dieses Museum zur Augsburger Familie Mozart, zu Leopold und Wolfgang Amadé und den Reisen der Familie durch Europa.
Mozarthaus
Di – So 10 –17 Uhr
Frauentorstraße 30
Telefon 08 21/5 02 07-0
www.augsburg-tourismus.de

Das Geburtshaus des weltberühmten Bühnenautors Bert Brecht „Auf dem Rain 7" ist heute eine Gedenkstätte: Im Brechthaus sieht man einen vielseitigen Mix von Texten, Bildern, Inszenierungen, Dokumenten und Kunstwerken um Brechts Leben und Schaffen. Fünf Räume beleuchten seine Kindheit und Jugend in Augsburg, die Studienzeit und das Schriftstellerdasein von 1917 bis 1924, das Exil sowie Brechts Theaterarbeit nach seiner Rückkehr nach Europa.

TIPPS

Biergarten: Wenige Schritte vom Fuggereimuseum entfernt lädt das „Himmlische Fuggerei-Lädle" in den Biergarten. Bei kühler Witterung verführt das Café mit einer Augsburg- und Fugger-Bibliothek zum Lesen.

Gastro-Tipps: Gegenüber dem Brechthaus findet man im Bistro „Brechts" handgeschöpftes Büttenpapier – das Wasserzeichen zeigt das Porträt Bert Brechts. Neben dem Schaezlerpalais ist die Terrasse des Hotels „Steigenberger Drei Mohren" zu empfehlen. Den Blick auf den Viermetzhof erlaubt das Café im Maximilianmuseum.

Kunst-Guide: Ein sehr umfangreicher Führer zu Kunst, Baudenkmälern und Archäologie ist der „artguide Augsburg". Er leitet in die Museen, aber auch in die Kirchen und Stadtteile Augsburgs. Erhältlich in der Tourist-Info der Regio und im Buchhandel.

AUGSBURGER FACETTEN

Im Brechthaus wird das Leben und Werk des Dichters dokumentiert.

Unter den Exponaten: ein Bühnenbild von 1949, eine Lebend- und eine Totenmaske Bertolt Brechts.
Brechthaus
Di – So 10 – 17 Uhr
Auf dem Rain 7
Telefon 08 21/3 24-27 79
www.augsburg.de

Ein Rundgang durch das Römische Museum in der einstigen Dominikanerkirche St. Magdalena ist eine Zeitreise in die Provinzhauptstadt Rätiens. Augsburger Römerfunde und die größte Sammlung von Steindenkmälern in Bayern sind zu sehen. Außerdem: ein bronzener, vergoldeter Pferdekopf, Münzen und Waffen, Glas und Theatermasken aus Ton… Darüber hinaus zeigt das Museum Fundstücke aus der Zeit der Kelten, die in der Region ergraben wurden.
Römisches Museum
Di 10 – 20 Uhr, Mi – So 10 – 17 Uhr
Dominikanergasse 15
Telefon 08 21/3 24-41 34
www.augsburg.de

Augsburgs Stadtgründer Kaiser Augustus „begrüßt" die Besucher des Römischen Museums.

DIE MUSEEN

Das in zwei Patrizierpalais untergebrachte Maximilianmuseum ist das Stammhaus der „Kunstsammlungen und Museen Augsburg". Es präsentiert Augsburger Kulturgeschichte: Skulpturen, Augsburger Gold- und Silberschmiedekunst, wissenschaftliche Instrumente und Uhren, Augsburger Porzellan und Fayencen und eine stadtgeschichtliche Sammlung. Dieses Museum informiert auch zum Augsburger Renaissancebaumeister Elias Holl und zeigt Originalmodelle. Vom Museumscafé aus blickt man in den glasüberdachten Viermetzhof

Europaweit gefragtes Augsburger Silber ist im Maximilianmuseum zu sehen.

mit Originalbronzen des Augustus-, Merkur- und Herkulesbrunnens der niederländischen Bildhauer Hubert Gerhard und Adriaen de Vries sowie weiteren wertvollen Augsburger Brunnenbronzen und Skulpturen. Der Eintritt in den Viermetzhof ist frei.

Maximilianmuseum
Di 10 – 20 Uhr, Mi – So 10 – 17 Uhr
Philippine-Welser-Straße 24
Telefon 08 21/3 24-41 02 oder -41 11
www.augsburg.de

Im Viermetzhof des Maximilianmuseums werden Originale der Augsburger Brunnenbronzen präsentiert.

AUGSBURGER FACETTEN

Die Augsburger Synagoge beherbergt das Jüdische Kulturmuseum.

Die bewegte Geschichte der Juden in Augsburg und der ländlichen jüdischen Gemeinden im bayerischen Schwaben sowie die Geschichte der Augsburger Synagoge zeigt eine neu gestaltete Ausstellung. Der Bau gehört architektonisch wohl zu den bedeutendsten Synagogen Europas.
Jüdisches Kulturmuseum
Di/Do/Fr 9 – 16 Uhr,
Mi 9 – 20 Uhr, So 10 – 17 Uhr
Halderstraße 6 – 8
Telefon 08 21/51 36 58
www.jkmas.de

Mit einer eigenen Weberei und einem Laufsteg für Modegeschichte zeigt das Bayerische Textil- und Industriemuseum (tim), dass Augsburg bis in das 20. Jahrhundert ein europaweit bedeutender Textilindustriestandort war. Das neue Museum (Eröffnung Sommer 2009) wurde in einem Gebäude der Augsburger Kammgarnspinnerei (eine der ersten Fabriken Bayerns) untergebracht. Im Museum dominieren vier M: Mensch, Maschinen, Mode und Muster. Ein wichtiger Sammlungsbestand ist das 200 Jahre alte Archiv der Stoffdruckerei NAK mit über 1,5 Millionen Stoffmustern. Übergroße Frauenfiguren stellen zudem europäische Modetrends vor.
Bayerisches
Textil- und Industriemuseum (tim)
Provinostraße 46
Telefon 08 21/3 24-46 88
www.tim-bayern.de

Das 200 Jahre alte Archiv der einstigen Augsburger Stoffdruckerei NAK zählt zum Sammlungsbestand des Bayerischen Textil- und Industriemuseums (tim).

DIE MUSEEN

WEITERE MUSEEN

Architekturmuseum Schwaben: Die Zweigstelle des Architekturmuseums der TU München ist im ehemaligen Wohnhaus des Architekten Sebastian Buchegger zu Hause. Hier wird die Architekturgeschichte Schwabens (und weit darüber hinaus) vermittelt.
Di – So 14 – 18 Uhr
Thelottstraße 11
Telefon 08 21/22 81 83-0
www.architekturmuseum.de

Bahnpark: Im Kern sind die Bahn-, Betriebs- und Ausbesserungswerke auf dem 24 Hektar großen Gelände hundert Jahre alt. Dort zeigt der Bahnpark (nur bei Veranstaltungen) historische Lokomotiven und Waggons europäischer Staatsbahnen. In den Werkstätten werden Loks repariert und museumsgerecht aufbereitet.
Firnhaberstraße 22
Telefon 08 21/65 07 59-0
www.bahnpark-augsburg.de

Diözesanmuseum St. Afra: Reliquien, liturgisches Gerät, ein romanisches Bronzeportal des Augsburger Doms von 1065, Handschriften, Messgewänder bis aus dem 9. Jahrhundert, die Funeralwaffen Kaiser Karls V. und weitere Kostbarkeiten belegen im Diözesanmuseum St. Afra beim Dom mehr als tausend Jahre Geschichte des Hochstifts und Bistums Augsburg sowie der Bischofsstadt.
Di – Sa 10 – 17 Uhr, So 12 – 18 Uhr
Kornhausgasse 3 – 5
Telefon 08 21/31 66-3 33
www.bistum-augsburg.de

Eishockeymuseum: Ein Besuch des Deutschen Eishockeymuseums ist wie eine Reise durch die Geschichte dieses Sports: Ausrüstung, Pucks, rare Medaillen, Torhütermasken, eine uralte Stadionuhr sowie Persönliches von Spielerlegenden von 1920 bis heute und die „Hall of Fame" sind zu besichtigen – eine der besten Eishockey-Ausstellungen Europas.
Do – Fr 14 – 19 Uhr, an Spieltagen der Augsburger Panther ab 14 Uhr
Schwimmschulstraße 7
Telefon 0 82 34/90 44 24
www.eishockeymuseum.de

H2 – Zentrum für Gegenwartskunst: Die Ausstellung mit zeitgenössischer Kunst sieht man auf 2000 Quadratmetern Fläche im Industriedenkmal Glaspalast. Sie wird durch temporäre Installationen und die Staatsgalerie Moderne Kunst (eine Zweiggalerie der Pinakothek der Moderne München im gegenüberliegenden Gebäudeflügel) ergänzt.
Di 10 – 20 Uhr, Mi – So 10 – 17 Uhr
Beim Glaspalast 1
Telefon 08 21/3 24-41 10 oder -41 55
www.augsburg.de

Kunstmuseum Walter: Mit etlichen hundert Werken von rund 200 Künstlern verschiedenster Stilrichtungen und Schulen zählt das Kunstmuseum Walter im Industriedenkmal Glaspalast zu den größten Privatsammlungen Deutschlands. Auf rund 4000 Quadratmetern Fläche entdeckt man unter anderem Werke von R. Penck, Markus Lüpertz, Georg Baselitz und Max Ernst sowie die Skulpturen des

4 AUGSBURGER FACETTEN

Auge in Auge mit dem Löwen: Das Naturmuseum Augsburg zeigt ganz große und ganz kleine Tiere ebenso wie fossile Fauna des Tertiärs.

venezianischen Glaskünstlers Egidio Constantini.
Di – Fr 10 – 17 Uhr
Sa, So und Feiertage 11 – 18 Uhr
Beim Glaspalast 1
Telefon 08 21/8 15 11 63
www.kunstmuseumwalter.com

Lettl-Atrium: In die surreale Welt des Augsburger Malers und Bildhauers Wolfgang Lettl führt das Lettl-Atrium. Neben traumweltlich anmutenden Werken sind vom Flair Apuliens angeregte impressionistische Gemälde und Aquatinta-Radierungen zu sehen.
Öffnungszeiten/Führungen im Web
Stettenstraße 1 + 3 (IHK)
Telefon 08 21/55 16 42
www.lettl.de

Lutherstiege: Diese Gedenkstätte ist über den Kreuzgang der Annakirche zu erreichen. Exponate, Druckwerke und Texttafeln informieren dort zum Wirken Luthers in Augsburg und zur Reformationsgeschichte dieser Stadt.
Öffnungszeiten im Web
Im Annahof 2
Telefon 08 21/34 37 10
www.st-anna-augsburg.de

MAN-Museum: Seit über 50 Jahren dokumentiert das Museum deutsche Industriegeschichte. Die Maschinen, Bilder, Info-Tafeln und Modelle führen durch 200 Jahre Technik und Firma. Der Versuchsmotor, den Ingenieur Rudolf Diesel zwischen 1893 und 1897 in Augsburg zur Serienreife brachte, ist im Original zu sehen.
Mo – Fr 9 – 16 Uhr
(nur auf telefonische Anfrage)
Heinrich-von-Buz-Straße 28
Telefon 08 21/3 22-37 91
www.man.de

Naturmuseum Augsburg: Das modern konzipierte Naturkundemuseum zeigt anschauliche Ausstellungen aus den Bereichen Mineralogie, Geologie, Ökologie und Zoologie. Einmalig in Süddeutschland ist eine „Molasse-Ausstellung", die die fossile Tierwelt des Tertiärs zeigt. Das Planetarium der Stadtsparkasse ergänzt das Naturmuseum: Es entführt ins Weltall und zu Planeten und Sternen.
Di – So 10 – 17 Uhr
Ludwigstraße 2
Telefon 08 21/3 24-67 40
www.naturmuseum.augsburg.de

DIE MUSEEN

Im beeindruckenden Rahmen einer ehemaligen Klosterkirche präsentiert die Staatsgalerie Altdeutsche Meister spätgotische Malerei und große Namen.

Schwäbisches Handwerkermuseum:
Im „Brunnenmeisterhaus" in den Wallanlagen beim Roten Tor entdeckt man das Schwäbische Handwerkermuseum. In Werkstätten wird – vom Bader bis zum Zimmermann – Handwerk durch Werkzeug, Techniken und Handwerksbräuche erlebbar.
Mo – Fr 13 – 17 Uhr, Mo/Di 9 – 12 Uhr, So und Feiertage 10 – 17 Uhr
Brunnenmeisterhaus beim Roten Tor
Telefon 08 21/32 59-2 20
www.hwk-schwaben.de

Staatsgalerie Altdeutsche Meister:
Über das Schaezlerpalais kommt man in die Staatsgalerie Altdeutsche Meister: Im imposanten Rahmen der gotischen Kirche des ehemaligen Katharinenklosters sieht man das Porträt, das Albrecht Dürer um 1518 von Jakob Fugger malte. Darüber hinaus sind Altartafeln spätgotischer Meister wie Hans Holbein d. Ä., Hans Burgkmair d. Ä. und Lucas Cranach d. Ä. zu bewundern.
Di – So 10 – 17 Uhr
Maximilianstraße 46
Telefon 08 21/3 24-41 02
www.augsburg.de

Tycho-Brahe-Museum im Römerturm:
Der „Römerturm" im Park eines Schlösschens im Stadtteil Göggingen ist das erste Tycho-Brahe-Museum in Deutschland. Der Däne gilt als einer der größten Astronomen der Frühen Neuzeit. 1570 installierte Brahe den „Augsburger Quadranten", damals das größte Himmelsbeobachtungsgerät in Europa. Das Museum zeigt einen 1:5-Nachbau des 1574 durch ein Unwetter zerstörten Quadranten.
1. Mai bis 31. Oktober, jeweils letzter Freitag im Monat, 14 – 18 Uhr
nach Voranmeldung beziehungsweise im Rahmen von Führungen
Telefon 08 21/9 06-22 15
www.parktheater.de

Weltkriegsbunker in der Fuggerei: Im original erhaltenen Luftschutzbunker von 1944 dokumentieren ein Film, ein Tonbild, viele Fotos und Exponate die Zerstörung der Sozialsiedlung und Augsburgs in der Bombennacht vom Februar 1944 und den Wiederaufbau.
April – September 8 – 20 Uhr
Oktober – März 9 – 18 Uhr
Telefon 08 21/31 98 81-0
www.fugger.de

4 AUGSBURGER FACETTEN

Luthers Spuren, Reformationsstadt und das einmalige Friedensfest

Für die Reformation hatte Augsburg herausragende Bedeutung. Martin Luther hat hier gewirkt, 1530 wurde hier das „Augsburger Bekenntnis" verlesen. Die Annakirche – eine der großen Sehenswürdigkeiten Augsburgs – und weitere Kirchen erinnern an den Glaubensstreit und das nachfolgende Nebeneinander beider Konfessionen. Und nicht zuletzt begeht man hier das „Hohe Friedensfest" – es beschert den Bewohnern der Stadt jährlich am 8. August einen weltweit einzigartigen gesetzlichen Feiertag.

Augsburg hat etwas, das es wirklich nur hier gibt: das „Augsburger Hohe Friedensfest". Was Besucher davon merken? Möglicherweise gar nichts – buchstäblich. Denn im Jahr 1949 machte der Bayerische Landtag das Friedensfest zum weltweit einzigartigen gesetzlichen Feiertag. Wer also an einem 8. August nach Augsburg kommt, darf sich nicht über wie ausgestorben wirkende Straßen und Plätze, über geschlossene Geschäfte und leere Straßen wundern.

Augsburg begeht den einzigartigen Feiertag mit Veranstaltungen wie der Friedenstafel

Bild oben: Durch den Kreuzgang der Annakirche kommen Besucher zum Porträt des Reformators Martin Luther.

DIE FRIEDENSSTADT

Der Friedensengel auf der Kanzel der Annakirche erinnert an das Ende des Dreißigjährigen Kriegs.

auf dem Rathausplatz. Gefeiert wird das Hohe Friedensfest schon seit 1650, als es die Augsburger Protestanten in Erinnerung an den Westfälischen Frieden von 1648 stifteten. Er brachte ihnen die Augsburger Parität – die Gleichberechtigung der beiden Konfessionen. Bei mehreren Reichstagen war Augsburg zuvor der Schauplatz von für die Reformation bedeutsamen Ereignissen gewesen: Das Augsburger Bekenntnis, das Augsburger Interim und der Augsburger Religionsfrieden sind rund um die Welt bekannt. Darüber hinaus erinnert in der Reformationsstadt Augsburg einiges an Martin Luther.

Elf Tage lang hielt sich der Reformator im Karmelitenkloster neben der ❶ St.-Anna-Kirche auf, als er im Jahr 1518 von Kardinal Cajetan in den ❷ Fuggerhäusern verhört und aufgefordert wurde, seine 95 Thesen zu widerrufen. In der Annakirche feierte man 1525 – erstmals in Augsburg – das Abendmahl „in beiderlei Gestalt" (das heißt, dass nicht nur Brot, sondern auch Wein gereicht wurde). Ein Porträt des Reformators, gemalt in der Werkstatt von Lucas Cranach d. Ä., hängt heute im Ostchor der Annakirche. Gegenüber, im Westchor, liegt die Grablege der katholischen Fugger: Die von Dürer geplante Fuggerkapelle ist der erste Renaissancebau nördlich der Alpen. Luther hat den Stifter Jakob Fugger wegen dessen Zins- und Monopolgeschäften bekämpft.

Die ab 1321 erbaute, bis 1497 erweiterte und bis 1749 barockisierte St.-Anna-Kirche zählt zu den größten Sehenswürdigkeiten Augsburgs. Höhepunkte aus der Rokokozeit sind Fresken Johann Georg Bergmüllers und der Stuck der Brüder Michael, Franz Xaver und Simpert Feichtmayr. Neben weiteren Gemälden gotischer

AUGSBURGER FACETTEN

TIPPS

Führung: In der Annakirche finden Führungen (individuell) dienstags bis freitags und sonntags oder nach Vereinbarung (Gruppen) statt. Alle Infos bei der Regio Augsburg Tourismus GmbH, Telefon 08 21/5 02 07-0.

Museum: Die „Lutherstiege" in der Annakirche ist montags bis sonntags zu unterschiedlichsten Zeiten geöffnet. Auskünfte beim Ev.-Luth. Pfarramt St. Anna, Telefon 08 21/34 37 10 oder www.st-anna-augsburg.de.

Musik: Jeden Samstag von 11.30 Uhr bis 12 Uhr spielt man auf den zwei Orgeln der St.-Anna-Kirche „Musik zur Marktzeit".

Gastro-Tipp: Im Annahof – direkt neben der Annakirche – bewirtet „das anna". Es ist (außer an Sonn- und Feiertagen) von 9 Uhr morgens bis 1 Uhr nachts geöffnet.

Das Protestantische Kollegium bei St. Anna im Annahof entstand 1580.

Meister – Lucas Cranach d. Ä. und andere – ragen die von 1420 bis 1425 erbaute Goldschmiedekapelle mit Wandmalereien aus dieser Zeit, die Heilig-Grab-Kapelle von 1508 und vor allem der vierflügelige Kreuzgang hervor. Dort sieht man um 1464 entstandene Wandmalereien und viele prächtige Grabdenkmäler aus der Zeit vom 15. bis zum 18. Jahrhundert.

Die „Lutherstiege" zeigt in Räumen des ehemaligen Karmelitenklosters Lutherschriften zur Einführung der Reformation in Augsburg, Stiche und Dokumente zur Confessio Augustana (1530), zu Augsburger Interim (1548), Augsburger Religionsfrieden (1555), Westfälischem Frieden und Augsburger Friedensfest.

Westlich der Annakirche gründete man 1531 das Protestantische Kollegium bei St. Anna an der Nordseite

DIE FRIEDENSSTADT

des Annahofs. Der von 1613 bis 1615 errichtete Neubau Elias Holls zählt zu den herausragenden Leistungen des Renaissancebaumeisters.

Das Mit- und Nebeneinander der evangelischen Annakirche und der katholischen Fuggerkapelle ist ein Kuriosum, aber für Augsburg nicht einmalig. Die räumliche Nähe von altem und neuem Glauben zeigt sich auch bei den ❸ Ulrichskirchen. Das ehemalige „Predigthaus" der katholischen Ulrichsbasilika ist seit 1526 die Pfarrkirche der evangelischen Gemeinde im Ulrichsviertel.

Nur Schritte voneinander entfernt liegen auch die katholische und die ❹ evangelische Heilig-Kreuz-Kirche in der Heilig-Kreuz-Straße nahe dem Dom. Zur „Bluthostie", dem „Wunderbarlichen Gut", führte seit 1199 eine der bedeutendsten Wallfahrten Augsburgs in die katholische Kirche. Ein Altarblatt mit der „Himmelfahrt Mariens" von Rubens ist dort zu

Die evangelische Heilig-Kreuz-Kirche wurde 1652/53 an der Stelle eines 1630 abgerissenen Predigthauses errichtet.

sehen. Leopold Mozart war hier einst Sängerknabe, W. A. Mozart war 1777 Gast bei den Augustiner-Chorherren.

Die katholische Basilika St. Ulrich und Afra und die kleine evangelische Ulrichskirche am Ulrichsplatz.

4 AUGSBURGER FACETTEN

SEHENSWERT

❶ Annakirche: Lutherporträt und (katholische) Fuggerkapelle, Lutherstiege und Kollegium bei St. Anna

❷ Gedenktafel an den Fuggerhäusern: Dort wurde Luther 1518 von Kardinal Cajetan verhört.

❸ Die beiden Ulrichskirchen

❹ Die beiden Heilig-Kreuz-Kirchen

❺ Fronhof, Bischöfliche Residenz: Hier wurde 1530 das Augsburger Bekenntnis (Confessio Augustana) bei einem Reichstag verlesen.

❻ Dom: An seiner Pforte wurde 1518 Martin Luthers „Appellation" an den Papst angeschlagen.

❼ Gedenktafel „Da Hinab" in einer Hauswand nahe der Galluskirche

❽ Jakobskirche

❾ Barfüßerkirche

Die Skulptur eines Jakobspilgers auf dem Pfeiler vor der Jakobskirche.

Luther machte 1511 bei seiner Rückreise von Rom bei den Augsburger Augustiner-Chorherren Station. Das 1525 den Protestanten zugewiesene Predigthaus neben der katholischen Heilig-Kreuz-Kirche wurde während der Gegenreformation zerstört. Für die 1652/1653 mit ungewöhnlichem, trapezförmigem Grundriss als „Ersatz" errichtete Kirche spendeten sogar Königin Christine von Schweden (die Tochter Gustav II. Adolfs) und König Friedrich III. von Dänemark. Chor und Orgelempore orientieren sich an der Fuggerkapelle in der Annakirche.

Man findet in Augsburg noch etliche für die Reformation bedeutsame Orte. Im Fronhof erinnert eine Gedenktafel an ein folgenreiches Ereignis: In der mittelalterlichen ❺ Residenz des Bischofs, von der nur noch der Turm am Fronhof erhalten ist, wurde am 25. Juni 1530 das Augsburger Bekenntnis (die Confessio Augustana) verlesen. Die Augsburger hörten gespannt vor den offenen Fenstern zu. Am benachbarten ❻ Mariendom wurde 1518 Luthers „Appellation von dem nicht gut unterrichteten an den besser zu unterrichtenden Papst" am Portal angeschlagen.

Nahe der kleinen Galluskirche soll der Reformator später durch eine Pforte aus der Stadt entwichen sein.

DIE FRIEDENSSTADT

Freunde öffneten Luther in der Nacht eine Tür in der Stadtmauer, als ihm die Verhaftung drohte. Eine Gedenktafel mit der Inschrift ❼ „Da Hinab" erinnert an die Legende und an den wahren Hintergrund. Luther hat die Stadt in der Nacht vom 20. auf den 21. Oktober heimlich verlassen.

Nahe der Fuggerei liegt ❽ St. Jakob. Die 1348 gestiftete Kirche, über Jahrhunderte ein Sammelpunkt der Wallfahrer auf dem Jakobus-Pilgerweg nach Santiago de Compostela, öffnete sich 1521 als erste Augsburger Kirche der Reformation.

In der ❾ Barfüßerkirche hielt man 1524 die erste evangelische Predigt. Wegen ihrer Zerstörung im Zweiten Weltkrieg konnte nur noch der Ostchor dieser spätgotischen Basilika bewahrt werden. W. A. Mozart hatte die Kirche 1777 besucht, um auf der Orgel des Augsburger Musikinstrumentenbauers Johann Andreas Stein zu spielen. Schriftsteller Bert Brecht wurde dort getauft und konfirmiert.

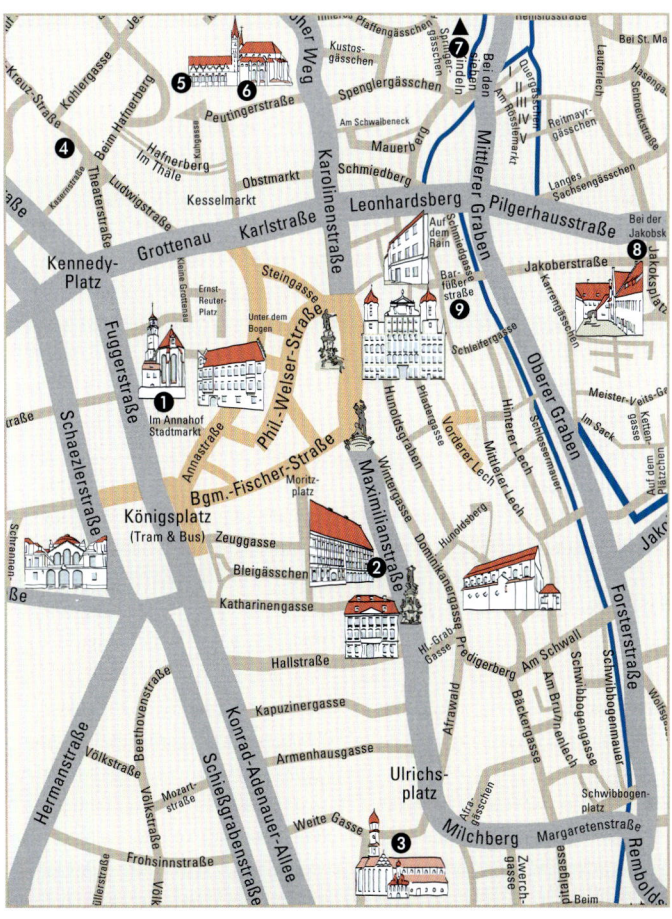

AUGSBURGER FACETTEN

Von Barockzwergen zu Japangärten: Augsburgs vergoldetes Grün

Augsburger Parks und Grünanlagen sind es wert, entdeckt zu werden. Vom Botanischen Garten über den Eiskanal – die olympische Kanuslalomstrecke am Kuhsee – bis zu Hofgarten und Rudolf-Diesel-Gedächtnishain reicht die Bandbreite sehenswerten Grüns, das 1997 beim europäischen Wettbewerb „Entente Florale" mit der Goldmedaille ausgezeichnet wurde.

Mit ihren Gärten konnten die reichen Augsburger früher Kaiser, Könige, Kardinäle oder auch Reisende wie Michel de Montaigne beeindrucken. Vermutlich deshalb hat repräsentatives Grün hier immer schon einen hohen Stellenwert gehabt. In einem Garten der Fugger soll um 1570 sogar der erste öffentliche deutsche Zoo entstanden sein. Im Garten des Patriziers Heinrich Herwart blühte 1559 die erste Tulpe Europas, der Arzt Adolph Occo kultivierte zu dieser Zeit die ersten Tabakpflanzen nördlich der Alpen. Die Fugger verdienten auch an der Gartenkunst und importierten die in Renaissancegärten so beliebten südländischen Pflanzen und antiken Statuen.

Weil Kaiser Karl V. 1552 nach seinem Sieg im sogenannten „Fürstenkrieg" den ebenso reichen wie rebellischen Augsburger Bürgermeister Hörbrot ganz besonders drastisch bestrafen wollte, ließ er dessen prächtigen Renaissancegarten von Soldaten zerstören. Angesichts dieser Barbarei soll der stolze Patrizier wie ein Kind

Bild oben: Der Japanische Garten im Botanischen Garten entstand anlässlich der Bayerischen Landesgartenschau des Jahres 1985.

GÄRTEN UND PARKS

geweint haben. Durch Zerstörung und Überbauung sind heute die ehemals so sehr gerühmten historischen Augsburger Renaissance-, Barock- und Rokokogärten verschwunden.

Einen Eindruck vergangener Gartenpracht bietet heute noch der um 1740 entstandene Hofgarten bei der Fürstbischöflichen Residenz beim Dom. Der von einer schützenden Mauer umgebene Residenzgarten zeigt mit seinen Skulpturen, streng geschnittenem Buchs und dem Ensemble grotesker Barockzwerge den

Bäume, Buchs und Beete: Der Hofgarten bei der Bischöflichen Residenz deutet die Gartenkunst des Rokoko an.

Stil des Rokoko. Gartenstühle und Bänke verleiten dazu, ein Sonnenbad zu nehmen, die Staudenbeete zu bewundern oder den Wasserschildkröten im Bassin zuzusehen.

Einer der zentrumsnahen Augsburger Parks ist der Fronhof: Er befindet sich zwischen der ehemaligen Bischofsresidenz und dem Dom. Im Mittelalter lag dort ein Turnierhof: Dort soll

Im Fronhof lernte die Baderstochter Agnes Bernauer den Bayernherzog Albrecht kennen. Im vormaligen Turnierhof wachsen heute Baumriesen und Blumen, ein Denkmal erinnert an Mozart und seinen Vater.

4 AUGSBURGER FACETTEN

Ein Blick auf Rosen in den Beeten vor dem barocken Brunnenmeisterhaus in den Wallanlagen beim Roten Tor.

die Baderstochter Agnes Bernauer Herzog Albrecht III. von Bayern kennengelernt haben, der sie 1432 heimlich heiratete. Das Schicksal der schönen, jedoch nicht standesgemäßen Augsburgerin haben sowohl der Dichter Friedrich Hebbel (mit einem Drama) als auch der Komponist Carl Orff (mit einer Oper) verewigt. Ein US-amerikanischer Journalist bezeichnete die mittelalterliche Lovestory als „eine der schönsten Liebesgeschichten der Welt".

Im Botanischen Garten Augsburg: die „Pflanzenwelt unter Glas" – mit Flora von der Savanne bis zum Dschungel.

GÄRTEN UND PARKS

Den Glanz reichsstädtischen Grüns lässt auch der (2006 neu angelegte, nun öffentlich zugängliche) Barockgarten des Schaezlerpalais an der Maximilianstraße erahnen. Ein paar Schritte entfernt liegt der Arkadenhof eines früheren Fuggerhauses. Ein Blick durch das (geschlossene) Hoftor vermittelt zumindest einen Eindruck der kleinen, intimen Stadtgärten reicher Augsburger.

Wie ein humanistisches Kräutergärtlein der Renaissance wirkt dagegen die allerdings erst im Rahmen der Bayerischen Landesgartenschau 1985 entstandene Anlage beim Rabenbad. Eingebunden in die Wallanlagen beim Roten Tor wachsen zwischen den strengen Buchsfassungen verschiedenste Küchenkräuter und die rote Rose „Fuggerstadt Augsburg". Die Augsburger mögen den sehenswerten Kräutergarten auch deshalb, weil man hier mitten in der Stadt frische Küchenkräuter für den eigenen Be-

Von der Maximilianstraße aus kommt man in den öffentlich zugänglichen, neu angelegten Barockgarten beim Schaezlerpalais.

darf ernten darf. Nur einige Schritte entfernt ist der Rosengarten vor dem Brunnenmeisterhaus beim Roten Tor. Auch diese Anlage wurde mit Hochstammrosen und Buchshecken wie ein Renaissancegarten angelegt.

Die Landesgartenschau hatte 1985 die Erweiterung des Botanischen Gartens um den 4200 Quadratmeter großen japanischen Teichgarten, aber auch etliche Themengärten und den Rosengarten mit Musikpavillon mit sich gebracht. An die entscheidende Rolle Augsburgs bei der Einführung der Tulpe in Europa erinnern im Botanischen Garten im April und Mai zahllose Frühlingsblüher. Die „Pflanzenwelt unter Glas" zeigt die exotische Fauna diverser Klimazonen und jährliche Falter-Schauen im „Pavillon der Schmetterlinge".

AUGSBURGER FACETTEN

Anlässlich der Olympischen Sommerspiele des Jahres 1972 entstand die Anlage am Eiskanal – der Schauplatz der Kanuslalomwettbewerbe.

An eine ganz andere Großveranstaltung, die Olympischen Sommerspiele 1972 in München, Augsburg und Kiel, erinnert eine großzügige Grünanlage um die Kanuslalomstrecke am Eiskanal im Stadtteil Hochzoll. Dieser Eiskanal speist sich aus dem Lech, dessen Nass zudem den benachbarten Kuhsee beim Hochablass, einem historischen Stauwehr, füllt. Der „Lago di Lech" ist ein beliebter Badesee, doch auch die Grünanlagen drum herum sind einen längeren Spaziergang wert.

Nur ein paar Schritte entfernt: der Augsburger Zoo, dessen 23 Hektar große Anlage von altem Baumbestand begrünt wird. Zusammen mit dem benachbarten Botanischen Garten ist der Tiergarten die meistbesuchte Parklandschaft der Stadt. Der direkt angrenzende Siebentischpark erlaubt ausgedehnte Spaziergänge unter alten Baumriesen.

Der Rudolf-Diesel-Gedächtnishain im Wittelsbacher Park. Er ist dem Augsburger Erfinder des Dieselmotors gewidmet.

GÄRTEN UND PARKS

In Richtung Süden schließt sich der Siebentischwald im Naturschutz- und Trinkwasserschutzgebiet „Stadtwald Augsburg" an. Letzteres wird von den Augsburgern so gehütet, dass das Leitungswasser der Großstadt Tafelwasserqualität aufweist. Zu den sehenswertesten Naturdenkmälern Augsburgs zählt die Wellenburger Allee, die von Göggingen aus zum Fuggerschloss Wellenburg führt. Diese Allee wird von weit mehr als 200 meist alten Linden gebildet.

Eine der großen innerstädtischen Grünanlagen ist der Wittelsbacher Park. Am Südrand der City gelegene Grünflächen vergrößerten den 1886 entstandenen Stadtgarten, an den der Pavillon bei der Kongresshalle erinnert. Bis 1906 wurde das Areal nach Westen und Südwesten erweitert – es wurde zum Wittelsbacher Park: Hier treffen sich Spaziergänger, spielende Kinder, Jogger und Gäste des benachbarten Hotelturms. 1957 entstand im Wittelsbacher Park der erste der beiden großen Augsburger Japangärten, der Rudolf-Diesel-Gedächtnishain. Die Anlage ehrt den Erfinder des Dieselmotors.

Die Großstadt Augsburg bietet noch mehr reizvolles Grün – vom Grün der Wallanlagen bis zum Grün um den als Badestrand beliebten Autobahnsee. So bedeutsam sind Parks, Gärten und stadtnahe Naturräume wie die Lechheiden, dass Augsburg beim „Europäischen Wettbewerb für Grün und Blumen in Städten und Dörfern – Entente Florale" 1997 mit einer Goldmedaille prämiert wurde.

TIPPS

Erlebnis: Die Kernöffnungszeiten des Botanischen Gartens sind täglich von 9 bis 18 Uhr – je nach Jahreszeit geht es schon mal länger (Auskunft über Telefonnummer 08 21/3 24-60 38). Der benachbarte Zoo ist täglich von 9 Uhr bis spätestens 18.30 Uhr geöffnet (Infos: www.zoo-augsburg.de).

Event: Jazzrhythmen plus Rosenduft bringt der „Internationale Augsburger Jazzsommer". Fünf Konzerte finden jährlich im Musikpavillon des Rosengartens im Botanischen Garten statt (bei Regen im Gewächshaus). Infos: www.augsburg.de.

Gastro-Tipps: Im Botanischen Garten verleitet ein Biergarten zur Pause. Im benachbarten Zoo bewirtet die „Zoo-Gaststätte".

Führungen: Die Regio Augsburg führt Gruppen auf Wunsch mit individuell zusammengestellten Touren durchs mit Gold prämierte Augsburger Grün.

Lese-Tipps: „Botanischer Garten Augsburg – Erlebnis durch vier Jahreszeiten" ist der Titel des 72-seitigen Taschenbuchs, das 22 Stationen der Einrichtung mit zahlreichen Fotos und mehreren Plänen beschreibt. Diesen Führer erhält man an der Kasse des Botanischen Gartens oder unter Telefon 08 21/3 24-60 38. „Häuser und Gärten Augsburger Patrizier" ist ein Buch von Gabriele von Trauchburg, das historische Augsburger Gärten erklärt (bundesweit im Buchhandel).

4 AUGSBURGER FACETTEN

Die Architekturstadt: Elias Holl, Fabrikschlösser und Jugendstilperlen

Beim Bauen war Augsburg über Jahrhunderte immer ein wenig der Zeit voraus. Die Fugger brachten die Renaissance nach Deutschland. Augsburgs Industriearchitektur ist vom Feinsten: Das Textilviertel mit seinen Fabrikschlössern sucht in Europa seinesgleichen. Und in der Jugendstilhochburg am Lech entstand die erste deutsche Gartenstadt.

Typisch für südbayerische Städte und Dörfer sind die Kirchtürme mit ihren Zwiebelhauben. Einer ihrer ersten entstand in Augsburg hinter dem Rathaus auf dem Kirchturm des Klosters Maria Stern. Ihm wurde 1576 von Hans Holl – dem Vater des Augsburger Stadtwerkmeisters Elias Holl – die früheste „welsche Haube" Schwabens aufgesetzt.

Zu dieser Zeit war die „Augsburger Pracht" schon längst sprichwörtlich geworden. Unter den spätgotischen Baumeistern in der Stadt ragte zum Beispiel Burkhart Engelberg heraus, der 1474 die Bauleitung bei der eingestürzten Kirche St. Ulrich und Afra

Bild oben: Renaissancestadt nennt man Augsburg nicht zuletzt wegen der Bauten Elias Holls (links). Das Rathaus ist sein Augsburger Hauptwerk.

ARCHITEKTURDENKMÄLER

übernahm und ab 1483 an der Umgestaltung des Doms mitwirkte. 1493 bewahrte er übrigens den Turm des Ulmer Münsters vor dem Einsturz.

Später hatte Jakob Fugger mithilfe Albrecht Dürers dafür gesorgt, dass Augsburg in der Frühen Neuzeit in Sachen Baukunst eine Vorreiterrolle übernahm. Die von Dürer geplante, 1512 fertiggestellte Fuggerkapelle in der Annakirche war der erste Renaissancebau nördlich der Alpen, der bis 1515 erbaute Damenhof in den Fuggerhäusern war der erste Profanbau im neuen Stil, den der Kaufherr aus Italien „importierte".

Ab 1602 prägte Stadtwerkmeister Elias Holl das Stadtbild Augsburgs. Das Rathaus und der Perlachturm, das Zeughaus, die Stadtmetzg, das Reichsstädtische Kaufhaus und das Protestantische Kolleg bei St. Anna sowie das Heilig-Geist-Spital tragen Holls Handschrift. Von den von ihm erbauten Wehranlagen und Türmen

Jakob Fugger brachte die Renaissance aus Italien über die Alpen. Die Fuggerkapelle entstand als erster Sakralbau, der Damenhof als erster Profanbau im neuen Stil.

sind noch das Wertachbrucker Tor, das Rote Tor und seine Bastionen sowie der Wasserturm am „Gänsbühl" erhalten.

Als die Industrielle Revolution begann, wurden Fabriken wie Schlösser gebaut: Johann Heinrich Schüle errichtete von 1770 bis 1772 eine solche schlossartige Textilfabrik vor dem Roten Tor. Der erhaltene Kopfbau der „Schüleschen Kattunfabrik" ist eines der frühesten Industriedenkmäler Deutschlands. 1764/65 war bereits das „Gignoux-Haus" in der Handwerkeraltstadt entstanden. In der palastartigen Kattundruckerei am Vorderen Lech (heute eine Spielstätte des Theaters Augsburg) waren die Manufaktur und das Wohnhaus noch unter einem Dach vereint.

4 AUGSBURGER FACETTEN

Eine der ersten Fabriken Süddeutschlands war die „Schülesche Kattunfabrik". Ihr renovierter Kopfbau beherbergt die Fachhochschule Augsburg.

Was folgte, war der lange Aufstieg Augsburgs zu einer europaweit führenden Textilindustriestadt. 1836 entstand die neue Fabrik der ersten Augsburger Kammgarnspinnerei am Schäfflerbach, 1895 das „Fabrikschloss", ein Spinnereihochbau an der Proviantbachstraße, und 1909 die Fabrik von Ackermann Göggingen.

Das Fabrikschloss entstand im Jahr 1895 im Textilviertel.

Abschluss und Höhepunkt der Reihe schlossartiger Fabrikgebäude war 1910 der „Glaspalast", ein fünfgeschossiger Spinnereihochbau an der

ARCHITEKTURDENKMÄLER

Otto-Lindenmeyer-Straße. Den Glaspalast kann man heute von innen bewundern: Drei Museen für Gegenwartskunst sind hier zu Hause.

Mit Ausnahme des Gögginger Bauwerks stehen alle diese Fabriken im Textilviertel östlich der Altstadt, das Fachleute als einen städtischen Raum bezeichnet haben, „der in seiner kulturellen, ökologischen

Der Glaspalast: Das frühere Spinnereigebäude ist eines der Industriedenkmäler einer Zeit, in der man Augsburg „das deutsche Manchester" nannte. Heute sind im Fabrikbau drei Museen untergebracht.

Das Gaswerk im Augsburger Stadtteil Oberhausen entstand ab 1912. Das Ensemble ist eines der herausragenden Industriedenkmäler der Stadt.

AUGSBURGER FACETTEN

Das Kurhaustheater ist eine Eisen-/ Glaskonstruktion der Gründerzeit.

und historischen Bedeutung seinesgleichen in Europa sucht".

Schätze der Industriearchitektur findet man in Augsburg aber auch mit dem Gaswerk, einem ab 1912 erbauten, neoklassizistisch-neobarocken Ensemble im Stadtteil Oberhausen, dem Elektrizitätswerk am Stadtbach in der Wolfzahnau (1902), dem Städtischen Brunnenwerk – ein Technikdenkmal im Stil des späten Klassizismus aus dem Jahr 1879 – und dem Stauwehr am Hochablass (1911/12). Aus 22 Gebäuden auf mehr als sechs Hektar Fläche besteht der im Jahr 1900 eingeweihte Schlacht- und Viehhof am Ostrand des Textilviertels.

Auch die Entwicklung des Schienenverkehrs hat in Augsburg Denkmalschutzwürdiges hinterlassen. Aus dem Jahr 1840 stammt der erste Augsburger Bahnhof an der Baumgartnerstraße, heute ein Straßenbahndepot. Typische Industriearchitektur um 1900 dokumentieren aber auch die Straßenbahnzentrale an der Wertachstraße (1881) und das Straßenbahndepot an der Ulmer Straße (1911).

Ein Erlebnis ist die nur selten angebotene Fahrt mit der „Augsburger Localbahn", deren Gleise mitten in der Stadt durch die artenreichen Sekundärbiotope diverser Industriebrachen führen. Die „Localbahn" fährt vom Hauptbahnhof ins Textilviertel, in die Stadtteile Pfersee, Göggingen und Haunstetten und bedient dabei 60 angeschlossene Betriebe. Ihr Schienennetz ist insgesamt rund 65 Kilometer lang.

Das wohl bedeutendste Denkmal der Ingenieursbaukunst in der Stadt ist der leichten Muse gewidmet: das einzigartige „Kurhaus" in Augsburg-Göggingen, ein „Palast aus Licht und

ARCHITEKTURDENKMÄLER

Glas". 1886 wurde der Theaterbau der damals europaweit bekannten „Hessing'schen Orthopädischen Kliniken" als Eisen-/Glaskonstruktion errichtet. Der 1996 restaurierte Bau des in Augsburg führenden Gründerzeitarchitekten Jean Keller wird heute als „Parktheater Augsburg" mit Sprech- und Musiktheater bespielt. Das Kurhaustheater kann man bei Führungen besichtigen.

Die im Inneren nahezu byzantinisch wirkende Jugendstilkirche Herz Jesu im Stadtteil Pfersee wurde bis 1910 erbaut. Ein Baldachin mit neun Marmorsäulen überragt den dortigen Hochaltar.

Originelle Schöpfungen des Architekten Karl Gollwitzer: Die nach ihm benannten großbürgerlichen Stadthäuser in der Volkhartstraße entstanden im maurisch-neugotischen Baustil.

AUGSBURGER FACETTEN

Die Synagoge wurde von 1914 bis 1917 erbaut. Die mächtige Kuppel dieses Sakralbaus wirkt orientalisch.

Jean Keller war einer der Architekten, deren großbürgerliche Villen westlich der Altstadt entstanden, als Stadtmauern und -tore abgebrochen waren. Die „Gollwitzer-Häuser" an der Volkhartstraße wurden nach dem Augsburger Architekten Karl Gollwitzer benannt: Sie entstanden zwischen 1885 und 1895 im originellen, maurisch-neugotischen Stil.

Nur wenige Jahre später hatte sich bereits der Jugendstil durchgesetzt. Er dominiert heute das von 1880 bis 1910 entstandene Beethovenviertel, das zwischen der Altstadt und dem Hauptbahnhof liegt. Außer sehenswerten Jugendstilbauten sind in diesem Stadtquartier Bauten im Stil des Historismus, der Neurenaissance und des Neubarock erhalten. Unter den großbürgerlichen Bauherren der vornehmen Stadtvillen waren reiche jüdische Kaufleute. Das war vermutlich der Grund dafür, dass von 1914 bis 1917 am Rand des Beethovenviertels in der Halderstraße nahe des Hauptbahnhofs die Synagoge – architektonisch ist sie wohl eine der bedeutendsten Europas – nach den Plänen von Fritz Landauer und Heinrich Lömpel entstand.

Wer sich für den Jugendstil begeistert, sollte bei einem Augsburg-Aufenthalt zumindest zwei weitere herausragende Bauten nicht links liegen lassen. Die Herz-Jesu-Kirche im Stadtteil Pfersee errichtete man von 1907 bis 1910. Ihr Inneres prägt eine „Melange von Münchner und Prager Jugendstil".

1903 wurde das „Alte Stadtbad" am Leonhardsberg mit einem Männer- und Frauenbad, Saunen und weiteren hygienischen Einrichtungen eröffnet. Die hohen Fenster der beiden – heute nicht mehr getrennten – Schwimmhallen, verspielte Details

ARCHITEKTURDENKMÄLER

im römischen Dampfbad oder an den Umkleidekabinen geben noch den ursprünglichen, heiteren Charakter dieses Volksbads wieder.

1907 entstand zwischen den Gleisanlagen des Hauptbahnhofs und der Wertach ein ganzer Stadtteil, das Thelottviertel. Diese „Einfamilienhäuser-Colonie" des Augsburger Architekten Sebastian Buchegger mit 106 im Jugendstil erbauten Einfamilienhäusern wurde die erste deutsche Gartenstadt. Die Häuser des denkmalgeschützten Ensembles wurden meist in Reihenbauweise erstellt. Zusätzlich wurden Miets- und Geschäftshäuser errichtet. In der Buchegger-Villa (Thelottstraße 11) ist das Architekturmuseum Schwaben eingerichtet. Den Schwerpunkt seines Bestands bilden die Nachlässe bedeutender im bayerischen Schwaben tätiger Architekten.

Die „Buchegger-Villa" im Thelottviertel, die erste Gartenstadt Deutschlands.

TIPPS

Lesetipp: Mit dem Jugendstil ist das Thema „spannende Architektur" in Augsburg noch nicht abgeschlossen. Stichworte: der Wohnungsbau der Arbeiterbewegung mit der typischen Innenhofbebauung, die neue Sachlichkeit des Architekten Thomas Wechs, die Kongresshalle Augsburg und der Hotelturm in der schnörkellosen Betonarchitektur der 1970er Jahre oder die Bauten der Universität. Die „Architektur in Augsburg 1900 bis 2000" zeigt ein handlicher Architekturführer des „Schwäbischen Architekten- und Ingenieurvereins".

Museum: Das Bayerische Textil- und Industriemuseum (tim) in der früheren Kammgarnspinnerei (Prinzstraße) zeigt den früheren Stellenwert der Augsburger Textilindustrie, die das europaweit bedeutende Textilviertel entstehen ließ.

Museum: Weitere Informationen zum Architekturmuseum Schwaben, einer Zweigstelle der Technischen Universität München, erhält man per Telefon 08 21/22 81 83-0 oder Internet (www.architekturmuseum.de). Das Museum ist (nur während laufender Ausstellungen) dienstags bis sonntags von 14 bis 18 Uhr geöffnet.

Gastronomie: Im Industriedenkmal Glaspalast genießt man Architektur und das Restaurant „Magnolia". Im Thelottviertel bewirtet die „Gaststätte Lenzhalde" neben dem Architekturmuseum im schattigen Biergarten.

5 TIPPS FÜR GÄSTE

PRAKTISCHE HINWEISE

Ein paar Fragen bewegen nahezu jeden Gast:

Wo lässt es sich in Augsburg gut übernachten?

Und wo gibt es hier die feine Gastronomie?

Wohin geht es zum Shopping – und warum?

Was tun am Abend? Wo ist was los – und wann?

Und was kann man hier mit dem Nachwuchs

unternehmen? Ein paar Antworten…

5 TIPPS FÜR GÄSTE

Übernachten: von Mohren, Mozart, einem „Maiskolben" und mehr

Rund 3500 Hotelbetten gibt es in Augsburg, viele davon mitten in der City oder doch zumindest am Rand der Innenstadt. Im ersten Haus am Platz sind schon Casanova, Johann Wolfgang von Goethe, Wolfgang Amadé Mozart und Friedrich der Große abgestiegen. Als Gast ist man aber auch anderswo König…

Machen wir es wie Karl Valentin: Beginnen wir beim Anfang. Oder doch zumindest beim ältesten und ersten Hotel am Platz, dem „Steigenberger Drei Mohren". Von allen Augsburger Hotels, die ein in Leipzig verlegtes Reisehandbuch zu Beginn des vergangenen Jahrhunderts empfahl, ist mit gleichem Namen und Standort nur noch das legendäre „Drei Mohren" in der Maximilianstraße übrig geblieben. Das Hotel

Bild oben: Das Hotel „Steigenberger Drei Mohren" – die drei Mohrenbüsten an der Hausfassade gaben dieser „Fürstenherberge" einst den Namen.

gibt es urkundlich belegt seit 1691. 1730 nächtigten hier König Friedrich Wilhelm I. von Preußen und sein Sohn, der spätere König Friedrich II. Seitdem durfte sich das Haus eine „Fürstenherberge" nennen.

Später folgten so illustre Gäste wie Casanova (1761, als portugiesischer Diplomat unter falschem Namen), Hofkapellmeister Leopold Mozart mit der ganzen Familie (1763 und 1766), Johann Wolfgang von Goethe (1790), Napoleons zweite Gemahlin Marie Louise, Wellington, Fürst Metternich, die „schwedische Nachtigall" Jenny Lind, Nicolò Paganini, Walter Scott,

ÜBERNACHTEN

Richard Wagner, Kaiser Wilhelm I. und US-Präsident Franklin D. Roosevelt sowie etliche Wittelsbacher. Pracht und Herrlichkeit des früheren Rokokopalais wurden im Zweiten Weltkrieg zerstört. Original erhalten und im Foyer zu sehen sind die drei Terrakottabüsten der namensgebenden „Mohren" – der Legende nach drei abessinische Mönche, die 1495 in Augsburg beherbergt wurden. An der Fassade hängen Replikate dieser Büsten. Die Gäste des „Drei Mohren" (105 Zimmer) genießen auch heute noch die prominente Lage zwischen den Fuggerhäusern und dem Schaezlerpalais. Vom hoteleigenen Bistro „3M" aus genießt man den Blick auf die Maximilianstraße und auf den Herkulesbrunnen. Beim Frühstück und von der Hotelterrasse aus schaut man auf das Schaezlerpalais.
Hotel Steigenberger Drei Mohren
Maximilianstraße 40
Telefon 08 21/50 36-0
www.augsburg.steigenberger.de

Das „Dorint An der Kongresshalle Augsburg" beherbergt seine Gäste im Augsburger Hotelturm.

Schick und Charme der 1970er Jahre prägen das „Dorint An der Kongresshalle" am Wittelsbacher Park. Auf jeden Fall bietet es die Hotelzimmer mit der weitesten Aussicht. Der 118 Meter hohe Augsburger Hotelturm mit 35 Stockwerken, wegen seiner markanten Form auch „Maiskolben" genannt, bietet 184 Zimmer. Seit dem Jahr 2000 ist das Haus der Kategorie A wieder im Stil der 1970er Jahre ausgestattet. In die City sind es nur wenige Gehminuten.
Dorint
An der Kongresshalle Augsburg
Imhofstraße 12
Telefon 08 21/59 74-0
www.dorint.com

Als drittes Hotel in der Kategorie A ist der „Augsburger Hof" wegen des Ambientes sowie der bekannt guten Küche zu empfehlen. Dieses familiär

5 TIPPS FÜR GÄSTE

Unter einem Dach vereint: 500 Jahre Geschichte und das „Dom Hotel".

geführte Hotel (mit 38 Zimmern) liegt in unmittelbarer Nachbarschaft zum Mozarthaus, wo 1719 Leopold, der Vater von Wolfgang Amadé Mozart, geboren wurde. Abends trifft man sich im Romantikhotel in „Meder's Café Bar Restaurant".

Romantikhotel Augsburger Hof
Auf dem Kreuz 2
Telefon 08 21/3 43 05-0
www.augsburger-hof.de

> **TIPP**
>
> Prospekt: Die Regio Augsburg bringt jährlich eine aktualisierte Hotel- und Gastronomieliste heraus. Die Übernachtungsmöglichkeiten sind darin in die Kategorien A bis E eingeteilt. Über die Regio Augsburg Tourismus GmbH, Schießgrabenstraße 14, anfordern – Telefon 08 21/5 02 07-0 oder im Web (www.augsburg-tourismus.de).

Augsburgs vierte Übernachtungsmöglichkeit in der höchsten Hotel-Kategorie ist das „Augusta Hotel" (107 Zimmer) in der Ludwigstraße („Augusta-Arcaden"), nicht weit von Rathaus und Dom entfernt. Wer die benachbarte Grottenau überquert, spaziert bereits durch die zentrale Fußgängerzone.

Augusta Hotel
Ludwigstraße 2
Telefon 08 21/50 14-0
www.hotelaugusta.de

Das „Dom-Hotel" liegt zentral, aber ruhig, wenige Gehminuten vom Rathausplatz entfernt. Aus etlichen der 45 Zimmer schaut man auf den Dom, den man auch von der Frühstücksterrasse aus sieht. Das familiär geführte feine Haus hat Geschichte: 1508 nächtigte Kaiser Maximilian I. dort in der früheren Dompropstei.

Dom-Hotel
Frauentorstraße 8
Telefon 08 21/3 43 93-0
www.domhotel-augsburg.de

Romantikhotel Augsburger Hof

Hotel & Restaurant

Auf dem Kreuz 2
86152 Augsburg

Telefon (0821) 34305-0
Telefax (0821) 34305-55

www.augsburger-hof.de
info@augsburger-hof.de

Meder's Café & Bar

Günstige Mittagsgerichte
Mo- Sa von 11 - 16 Uhr

Auf dem Kreuz 2   86152 Augsburg   Tel.: 0821/34305-0   www.meders-bar.de

5 TIPPS FÜR GÄSTE

NOCH MEHR TIPPS

Internet: Die zentrale Homepage www.augsburg-tourismus.de führt die Hotels in der Region auf (drei Übersichtskarten und Hotel-Links). Man kann direkt im Web buchen.

Weitere Hotels der Kategorie A:
City Hotel Ost am Kö, Fuggerstraße 4 – 6, Telefon 08 21/5 02 04-0

Quality-Hotel, Kurt-Schumacher-Straße 6, Telefon 08 21/79 44-0

Besonders zentral: Hotels der Kategorie B in Augsburg sind

InterCityHotel, Halderstraße 29, Telefon 08 21/50 39-0

Hotel Am Rathaus, Am Hinteren Perlachberg 1, Telefon 08 21/3 46 49-0

PrivatHotel Riegele, Viktoriastraße 4, Telefon 08 21/50 90 00

Altstadthotel Ulrich, Kapuzinergasse 6, Telefon 08 21/34 61-0

Zentrale Hotels der Kategorie C in der City sind die folgenden Häuser:

Ibis beim Hauptbahnhof, Halderstraße 25, Telefon 08 21/50 16-0

Ibis beim Königsplatz, Hermanstraße 25, Telefon 08 21/50 31-0

Hotel Lochbrunner, Karlstraße 15, Telefon 08 21/50 21 20

Umland: Ein paar Kilometer von den Stadtgrenzen Augsburgs entfernt liegt eine Reihe weiterer Hotels der Kategorie A. Sie sind mit dem Auto in wenigen Minuten zu erreichen.

Parkhotel Schmid, Adelsried, Augsburger Straße 28, Telefon 0 82 94/2 91-0

Flair Hotel Zum Schwarzen Reiter, Horgau, Hauptstraße 1, Telefon 0 82 94/86 08-0

Schempp-Minotel, Bobingen, Hochstraße 74, Telefon 0 82 34/9 99-0

Hotel Arkadenhof, Königsbrunn, Rathausstraße 2, Telefon 0 82 31/96 83-0

Best-Hotel, Königsbrunn, Bürgermeister-Wohlfahrt-Straße 78, Telefon 0 82 31/9 96-0

Kategorien B bis D: Zu viele, um hier alle Häuser unterzubringen. Die ganz aktuelle Übersicht vermittelt die jährliche Hotel- und Gastroliste der Regio Augsburg Tourismus GmbH. Auch die Ferienwohnungen und Privatunterkünfte, die Campingplätze sowie die Jugendherberge sind hier aufgelistet (Faxabruf: Telefon 08 21/5 02 07-60).

Urlaub auf dem Bauernhof: Die Adressen erfährt man wie die oben genannten in der Broschüre oder im Web. Viele Häuser bieten familiengerechtes Übernachten in der Nähe von Legoland Deutschland an.

5 TIPPS FÜR GÄSTE

Essen und Trinken: schwäbische Spätzle und bayerische Biergärten

Die Gastronomie in Augsburg ist international wie überall. Doch längst kommt wieder heimische Küche auf den Tisch: Typisch schwäbisch sind Spätzle und Maultaschen, typisch bayerisch das hier seit Jahrhunderten reichlich gebraute Bier. Typisch für Augsburg: Hier lässt sich Genuss oft mit Geschichte(n), Kultur und Erlebnis verbinden.

Gästen in Augsburg kann man gute Küche empfehlen. Oder „gute Küche plus". Küche und noch etwas völlig gratis dazu – Erlebnis und Ambiente, Geschichte und Geschichten… Ein Beispiel? Das Künstlerrestaurant „Die Ecke" hinter dem Augsburger Rathaus: Ein buntes Holzrelief an der Fassade verweist darauf, dass hier schon so renommierte Gäste wie der Maler Hans Holbein und Baumeister Elias Holl, Wolfgang Amadé Mozart, Rudolf Diesel und Bertolt Brecht speisten. Der Weg lohnt nach wie vor. Die Spezialitäten des Hauses heute: Wild und Süßwasserfisch.

Die Ecke
Elias-Holl-Platz 2
Telefon 08 21/51 06 00

Der „Augsburger Hof" ist nicht „nur" ein feines Hotel, sondern bietet auch die feine Variante der schwäbischen Küche. Man isst mit Blick auf das benachbarte Mozarthaus – an den warmen Tagen auch im Innenhof.

Meder's Restaurant im
Romantikhotel Augsburger Hof
Auf dem Kreuz 2
Telefon 08 21/3 43 05-0

Bild oben: Feine schwäbische Küche genießt man im Romantikhotel „Augsburger Hof" beim Mozarthaus.

ESSEN UND TRINKEN

Klein, aber fein ist das „Restaurant August" in der Frauentorstraße. Zwei Michelin-Sterne (bayernweit nur sechs Mal vergeben) machen das äußerlich unscheinbare Haus zum prominentesten Gourmettempel Augsburgs. Das Restaurant liegt nah bei Mozarthaus und Dom.
Restaurant August
Frauentorstraße 27
Telefon 08 21/3 52 79

Exquisite Küche erwartet den Gast im Restaurant „Die Ecke". Ein Holzrelief an der Fassade erinnert daran, dass im geschichtsträchtigen Gasthaus etliche Größen der Geschichte speisten.

Bei den Besuchern Augsburgs sehr beliebt ist das „König von Flandern": Unter historischem Gewölbe erwartet Gäste das gemütliche Ambiente einer urigen Gasthausbrauerei.

5 TIPPS FÜR GÄSTE

Im Sommer sitzt man gerne vor dem Traditions-Gasthaus „Zum Weissen Hasen" in der Annastraße.

TIPPS

Prospekte: Den schnellen Überblick über die Gastronomie in der Region bietet die jährlich aktualisierte Broschüre „Herzlich willkommen" (die Übersicht über Hotellerie und Gastronomie in Augsburg und in den Nachbarlandkreisen). Anfordern bei der Regio Augsburg Tourismus GmbH, Telefon 08 21/5 02 07-0 oder im Web (www.augsburg-tourismus.de).

Führung: „Walk & Dine" heißt eine beliebte Stadtführung der Regio Augsburg, die von der Fuggerei durch die Altstadt in die City führt und mit Gerichten wie „Nonnenfürzle", „Versoffene Jungfrau" und natürlich Spätzle bekannt macht. Die Führung kann man als Gruppe ab zehn Personen buchen.

Im Gewölbe des Rathauses lagen einst das Gefängnis und der Folterkeller: Heute geht man lieber dorthin, weil der „Ratskeller" mit guter Küche, schönem Ambiente und mit einer Bar empfängt. Zentraler geht es nicht – mit viel Platz für Gruppen.
Ratskeller
Rathausplatz 2
Telefon 08 21/31 98 82 38

Schwäbische Küche – auch schon mal mit Wild aus Fuggerwäldern – bietet die „Fuggerei-Stube" gleich neben dem Haupteingang zur Fuggerei. Unter dem historischen Gewölbe des Senioratsgebäudes der ältesten Sozialsiedlung der Welt serviert man Regionaltypisches wie Kässpätzle, abgeschmelzte Maultaschen, Filetpfännchen „Agnes Bernauer" oder den Schwabentopf. Im Sommer genießt man auch auf dem Markusplätzle in der Fuggerei.
Fuggerei-Stube
Jakoberstraße 26
Telefon 08 21/3 08 70

DIE ECKE
RESTAURANT

Klassische gehobene Kochkunst im historischen Haus der Künstlervereinigung „Ecke" im Bürgerhaus aus dem Jahr 1577 mit Galerierestaurant, Künstlerstube und Höfle (im Sommer). Feine Küche, verwurzelt in der bayerisch-schwäbischen Heimat, mit Einflüssen und Aromen aus der ganzen Welt. Augsburgs umfangreichste Weinkarte mit weit über 100 Positionen.

Reservierung erbeten.

RESTAURANT FÜR
FEINSCHMECKER UND WEINKENNER

Elias-Holl-Platz 2 - Hinter dem Rathaus
86150 Augsburg
Telefon 08 21/51 06 00, Fax 08 21/31 19 92
täglich 11.00 – 14.30 Uhr und 17.30 – 1.00 Uhr

restaurant.dieecke@t-online.de
www.restaurant-die-ecke.de

5 TIPPS FÜR GÄSTE

MEHR TIPPS

Schwäbische Küche: Die typische schwäbische Küche ist eigentlich eine „Arme-Leute-Küche" mit ganz wenig Fleisch und ganz viel Mehl oder Kartoffeln. Spätzle, Maultaschen oder Schupfnudeln sind deshalb die in dieser Region üblichen Beilagen. Getrunken wird dazu vor allem Bier. In und um Augsburg werden noch etliche regionale Bierspezialitäten gebraut. Der Spargel ist eine Spezialität des „Wittelsbacher Lands".

Mitten in der City im Biergarten: Das „Café Eber" bewirtet auf dem Rathausplatz. Das Traditions-Gasthaus „Zum Weissen Hasen" (Annastraße, nahe Rathausplatz) und der schattige Biergarten beim Zeughaus locken ebenfalls unter freiem Himmel.

Mittelalterlich: Die „Welser Kuche" hat mittlerweile einen „Ableger" in München, so beliebt sind die mittelalterlichen Tafelsitten und Speisefolgen mit Bänkelgesang und derben Scherzen (Maximilianstraße 83, Voranmeldung: Telefon 0 82 31/96 11-0).

Schlemmen im Industriedenkmal: Gegenwartskunst ist der Nachbar des Restaurants „Magnolia" im Glaspalast (mit drei Museen). Außerdem lockt feine Küche (Beim Glaspalast 1, Telefon 08 21/3 19 99 99).

Von früh bis spät: Urige Wirtshausatmosphäre findet man im „Brauhaus 1516" im Hauptbahnhof – außerdem Speis und Trank von 6 bis 1 Uhr.

Römermahl: Eine „Orgie" wie bei den Römern erleben Gruppen im „Ringhotel Alpenhof". Zu römischen Gerichten, Spielen und Musik und mit Römern drum herum trägt man eine Tunika. Weitere Infos bei der Regio Augsburg: Telefon 08 21/5 02 07-35.

Abends ein Erlebnis: Das „König von Flandern" in der Karolinenstraße ist eine Gasthausbrauerei im Gewölbekeller mit gemütlichem Ambiente.

Unter freiem Himmel, exquisite Küche: Im Bistro „3M" (Hotel „Steigenberger Drei Mohren", Maximilianstraße 40) genießt man auf der Sonnenterrasse mit Blick auf das Schaezlerpalais. Im Restaurant „Die Ecke" und im „Cisa" (Antoniushof, Maximilianstraße 55) sitzt man im Sommer im Innenhof.

Feines unterm Gewölbe: „Restaurant und Brasserie Haupt" verwöhnt unter dem mustergültig sanierten Gewölbe im Souterrain des Prinz-Karl-Palais – feines Ambiente und eine engagierte Küche (Schertlinstraße 23).

Weitere Adressen für leckere Küche: Das „Papageno" beim Theater Augsburg, „Feinkost Kahn" in der Annastraße sowie das „La casa vecchia" (Bei St. Ursula 1).

Slow Food: Ein hübsches Umfeld, im Sommer einen Biergarten und feine italienische Küche bietet die „Osteria Kuckuck" (in der Uhlandstraße 35 im Augsburger Stadtteil Pfersee). Das Restaurant ist Mitglied der weltweiten Vereinigung „Slow Food".

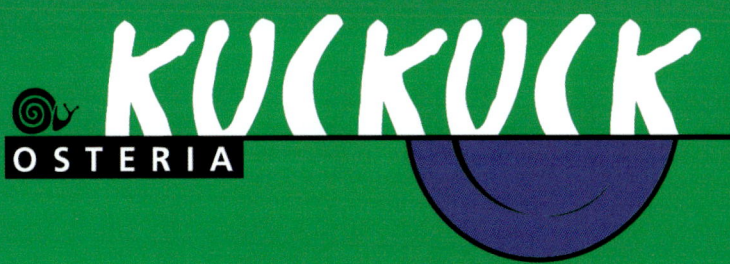

Essen als Lustprinzip!

In unserem schönen alten Gasthaus mit herrlichem Biergarten wird mit Liebe gekocht. Jede Woche überraschen wir Sie mit neuen Köstlichkeiten, alles selbst und frisch zubereitet.

Nur aus besten Zutaten im Sinne von Slow Food im Zeichen der Schnecke: Herzlicher Service, tolle Weine zu günstigen Preisen, Atmosphäre - ein schöner gelungener Abend.

Dienstag- Samstag ab 18 Uhr

Uhlandstraße 35 • 86157 Augsburg (Stadtteil Pfersee)
Nur 2 km von der City. Bus Linie 35, Straßenbahn Linie 3

Tel. 0821 / 54 46 82

Slow Food ®

www.osteria-kuckuck.de

5 TIPPS FÜR GÄSTE

Shopping: Altstadt, Antiquitäten, Appetitmacher und allerlei anderes

Einkaufen kann man in Augsburg so gut wie in jeder anderen Großstadt. Was Gästen aber gefallen dürfte: Geschichte und Sehenswertes begleiten den Einkaufsbummel in der Fußgängerzone. Die idyllische Altstadt hinter dem Rathaus, die Maximilianstraße, das Ulrichs- und das Domviertel gelten in Sachen Antiquitäten und Antiquarisches als Geheimtipp. Und immer wieder stößt man auf Besonderes – von der ältesten Parfümerie Deutschlands über eine alte Silberschmiede bis zu musikalischen Souvenirs.

Beim Einkauf in Augsburg bekommt man gratis was zu sehen: in der zentralen Fußgängerzone das Rathaus und den Perlachturm, den Augustusbrunnen oder das Fugger-Denkmal. Am Moritzplatz und in der Maximilianstraße sieht man die Palais und Bürgerhäuser, den Merkur- und den Herkulesbrunnen, die Fuggerhäuser und die Ulrichskirchen.

Bild oben: Edle Düfte findet die Damenwelt in der feinen Parfümerie Naegele. Die 1829 gegründete Parfümerie ist die älteste Deutschlands.

Idylle als kostenlose Dreingabe gibt es auch in der Altstadt hinter dem Rathaus, wo man schmalbrüstige Handwerkerhäuser, krumme Gassen, Lechkanäle und viele kleine Läden findet – die von Antiquitäten über Antiquarisches bis zu Alternativem die Gelegenheit zum Schauen und zum Stöbern bieten. Eine bunte Reihe von Geschäften entdeckt man in der Bäckergasse (zwischen dem Römischen Museum und der Augsburger Puppenkiste) sowie am Milchberg (zwischen der Puppenkiste und den beiden Ulrichskirchen).

DER EINKAUFSBUMMEL

Die Antiquitätenläden und Antiquariate in Augsburg gelten in der nahen Landeshauptstadt München (und nicht nur da) als ein Geheimtipp.

Was sich in Augsburg besonders lohnt? Es soll etliche Münchner geben, die gern hier einkaufen, weil die Preise moderater und die Wege kürzer sind. Einen Ruf genießt die Stadt bei Schnäppchenjägern: Sie schätzen die vergleichsweise noch günstigen Preise und die Auswahl in Augsburger Antiquitätenläden und Antiquariaten.

Konkrete Tipps? Auch wegen des Ambientes unter einem Gewölbe von Elias Holl ist die „Parfümerie Naegele" etwas Besonderes. Doch zusätzlich ist dieses Haus der Düfte in der Philippine-Welser-Straße auch noch die älteste Parfümerie Deutschlands. Schon 1829 wurde sie von Magistratsrat Anton Naegele, Mitglied der Zunft der Parfümeure, Kosmetiker und Seifensieder, gegründet. Für die Dame ein Muss…
Parfümerie Naegele
Philippine-Welser-Straße 26
Telefon 08 21/34 47 10

Vom 16. Jahrhundert bis zum frühen 19. Jahrhundert war Augsburg das europaweit führende Zentrum der Gold- und Silberschmiedekunst.

(Nicht nur) Zarin Katharina die Große bestellte ihre Silberlöffel am Lech – heute findet man „Augsburger Silber" weltweit in den Museen. „Die Alte Silberschmiede" in der Altstadt führt die Tradition fort: Schon das Handwerkerhaus hinter dem Rathaus ist eine Sehenswürdigkeit, im Innenhof plätschert der Edelsteinbrunnen.
Die Alte Silberschmiede
Pfladergasse 10
Telefon 08 21/3 89 45
www.silberschmiede.de

Im 18. und im frühen 19. Jahrhundert war die Stadt ein bedeutender Standort für Musikverlage – auch Leopold Mozart verlegte hier 1756 seinen „Versuch einer gründlichen Violinschule". 1803 wurde der Musikverlag „Anton Böhm & Sohn" gegründet. Der Schwerpunkt bis heute: klassische Musik – auch die alte Augsburger Musik, Musik der Augsburger Domsingknaben sowie der Augsburger Puppenkiste findet man dort. Zu „Böhm & Sohn" kommen Amerikaner, Japaner und Chinesen, und hier deckt sich schon mal ein südafrikanischer Bischof mit einem Stapel Noten ein. „Böhm & Sohn" ist

5 TIPPS FÜR GÄSTE

Klassik, Domsingknaben oder Augsburger Puppenkiste: Die musikalischen Souvenirs des traditionsreichen Musikverlags „Böhm & Sohn" findet man in der Ludwigstraße.

übrigens auch eine Vorverkaufsstelle für viele Klassikkonzerte der Region.
Anton Böhm & Sohn Musikverlag
Ludwigstraße 15
Telefon 08 21/5 02 84-21
www.boehm-und-sohn.de

Süffige Souvenirs aus Augsburg gibt es bei der „Weinkellerei Bayerl" am Rathausplatz. Vom hochprozentigen „Original Augsburger Augustuslikör" über „Augsburger Frauenschnäpsle" bis zum „Augsburger Kräutergeist" reicht das Angebot der 1892 gegründeten Weinkellerei. Alles selbst produziert, Anhänger am Flaschenhals erzählen die Story des „Steinernen Mannes" oder der Agnes Bernauer.
Weinkellerei Bayerl
Philippine-Welser-Straße 5
Telefon 08 21/3 49 02 49

Seit 1921 fertigt der „Hutsalon am Dom" Damenhüte – bis heute in Handarbeit. Wer zwei bis drei Tage Zeit hat, kann die Kopfbedeckung auch maßgeschneidert anfertigen lassen (das Nachsenden ist möglich). Die Komponenten für die edlen Teile kommen aus der ganzen Welt, die Kundinnen aus ganz Deutschland. Von der modernen Schiebermütze bis zum edlen „Hingucker" für die Reitrennbahn reicht das Angebot das Salons nahe dem Mozarthaus.
Hutsalon am Dom
Frauentorstraße 9
Telefon 08 21/3 04 55
www.hutsalon.de

„Augsburger Lechkiesel" schmecken süß. Man bekommt sie bei „Johann Zipprich – Der bunte Teller" beim Dom (und in einem zweiten Laden in der Philippine-Welser-Straße). „Augsburger Busserl" mit Motiven der Prachtbrunnen und „Süße Grüße aus Augsburg" (das sind Pralinen) findet man dort ebenso wie Mozart-

Traditions-Gasthaus „Zum Weissen Hasen"

So lässt sich's leben!

Das historische Gasthaus im Herzen der Stadt

- mitten in der Fußgängerzone, nur etwa 50 Meter entfernt vom historischen Rathaus
- 7 Tage in der Woche durchgehend volles Programm
- Von 9-11 Uhr Weißwurstfrühstück mit kesselfrischen Weißwürsten und ofenfrischen Brezen
- 1a-Schwäbisch-Bayerische Spezialitäten zu wirklich vernünftigen Preisen
- Restaurant, Bräustüble, Jägerstüble und Wirtshausgarten mit Bedienung
- Frische Rohprodukte, hochwertige Qualität und vor allem

immer nett!

Annastraße/Unter dem Bogen
86150 Augsburg Telefon 08 21/51 85 08
 Ernst-Reuter-Platz · durch die Annapassage

5 TIPPS FÜR GÄSTE

kugeln. Sie sind Importe, doch immerhin – sie passen zur Mozartstadt…
Johann Zipprich – Der bunte Teller
Hoher Weg 8 / Phil.-Welser-Straße 5
Telefon 08 21/51 07 67

Ein besonders buntes Bild bietet sich im Stadtmarkt, wo Brotzeiten, kleine und größere Mahlzeiten in der Fleischhalle, in den Fischläden und in der Markthalle (mit italienischer, griechischer oder asiatischer Küche an Delikatessen- und Spezialitäten-Ständen) offeriert werden. Auf dem Weg zu den Hallen kommt man an Obst- und Gemüseständen, Blumenläden und dem Bauernmarkt vorbei.
Stadtmarkt
Eingänge Fugger- und Annastraße
Mo – Fr 7 – 18 Uhr, Sa 7 – 14 Uhr

Augsburger Gerber waren früher in der Handwerkeraltstadt zu Hause. Noch heute fertigt hier die 1855 gegründete Gerberei Aigner Lederbekleidung (bis hin zur für Augsburg untypischen, typisch bayerischen Lederhose aus Hirschleder) für „Sie" und für „Ihn". Das alles ist maßgeschneidert, Nachsenden ist möglich.
Gerberei und Lederbekleidung Aigner
Vorderer Lech 32
Telefon 08 21/3 09 12

Der Shop im Puppentheatermuseum „Die Kiste" – im Haus der berühmten Marionettenbühne – hat alles für die Liebhaber der „Augschburger Puppakischt" parat: DVDs, Bücher und jede Menge sonstige Fanartikel.
Puppentheatermuseum „Die Kiste"
Spitalgasse 15
Telefon 08 21/45 03 45-0

Im „Himmlischen Fuggerei-Lädle" in der Ochsengasse der Fuggerei findet man (fast) alles zu den Fuggern und zu Augsburg – von der Postkarte über Reiseführer bis hin zum dicken Geschichtsschmöker. Mit dem Lesen anfangen kann man nebenan – im Café oder im Biergarten des „Lädle".
Himmlisches Fuggerei-Lädle
Ochsengasse 46
Telefon 08 21/4 50 37 70
www.fugger.de

TIPPS

Einkauf autofrei: Die Fußgängerzone findet man in der Annastraße sowie in der Bürgermeister-Fischer-Straße, Philippine-Welser-Straße, Karolinenstraße und Bahnhofstraße.

Süße Sachen: „Zwetschgendatschi" ist ein flacher Obstkuchen, belegt mit Zwetschgen. Ihm verdankt Augsburg den Spitznamen „Datschiburg". Und es gibt „Fuggertorte" (Bäckerei Balletshofer), „Mozarttorte" (Konditorei Eber am Rathausplatz) und „Mozart-Busserl" (Euringer am Perlachberg).

Souvenirs: Andenken und Augsburg-Literatur findet man außerdem in der Tourist-Information, im Rathaus-Shop und in Museums-Shops der Kunstsammlungen und Museen Augsburg.

Events: Die „City-Initiative Augsburg" organisiert Veranstaltungen in der Innenstadt. Beim „Augsburg-Tag" wird es in der City schon mal richtig eng. Infos: Telefon 08 21/5 08-14 14 (www.cia-augsburg.de).

ZEUGHAUS STUBEN

Genießen Sie schwäbische Gastlichkeit im historischen Gewölbe des Zeughauses: Original bayerisch-schwäbische Spezialitäten und Schmankerln der Saison, frisch gekocht, aus besten Zutaten der Region.

- Mittagstisch werktags von 11 bis 14.30 Uhr
- Firmen- und Familienfeiern

- Separates Nebenzimmer für bis zu 40 Personen
- Historisches Turmzimmer im Zeughaus-Turm

Im Sommer auch im Kastanienbiergarten mitten in der Stadt.

ZEUGHAUS STUBEN

Zeugplatz 4 · 86150 Augsburg
Tel. 08 21/5 08 05 04
Fax 08 21/4 54 04 08
zeughaus@dreischwabenküche.de
www.dreischwabenküche.de
Warme Küche täglich durchgehend von 11 bis 23 Uhr

willkommen · welcome · benvenuti · bienvenue · bienvenido

5 TIPPS FÜR GÄSTE

Wohin am Abend? Von Kurhaus, Kinos, Kneipen und Kabarett

Zugegeben: Ein derart heißes Nachtleben wie Berlin oder gar Hamburg hat Augsburg nicht. Andererseits ist für viele Geschmacksrichtungen etwas geboten: jede Menge Kultur, leichte Muse in einem „Palast aus Licht und Glas", zahlreiche Kinos und Kneipen und eine deutsche Kabarett-Hochburg.

Beinahe hätten die Augsburger in der zweiten Hälfte des 19. Jahrhunderts ihr Theater mitten in die City platziert – an die Stelle der Fuggerhäuser, deren Abriss ganz ernsthaft diskutiert wurde. Glücklicherweise entstand der Theaterneubau 1877 dann aber am nördlichen Ende der Fuggerstraße. Bis heute gibt es hier ein ambitioniertes Drei-Sparten-Haus mit Schauspiel, Musiktheater und Ballett. In seinem Foyer steht eine Büste Bert Brechts, der in den 20er

Bild oben: Das Große Haus des Theaters Augsburg am Kennedyplatz. Schauspiel, Musiktheater und Ballett stehen hier auf dem Programm.

Jahren des letzten Jahrhunderts ätzende Kritiken über das damalige Theater schrieb. Das ist lange her, heute steht der Dichter Brecht des Öfteren auf dem Spielplan, ebenso wie Wolfgang Amadé Mozart, der ja immerhin auch noch ein „halber" Augsburger war.

Zum Theater Augsburg gehört die Freilichtbühne am anderen, dem südlichen Ende der Innenstadt. Die Spielstätte am Roten Tor mit ihren 2117 Plätzen zählt wegen ihres stimmungsvollen Rahmens, den die benachbarten Wallanlagen bilden, zu den schönsten Freilichtbühnen Deutschlands. Sie wird seit 1928

DAS ABENDPROGRAMM

bespielt – gegenwärtig jeweils von Mitte Juni bis Ende Juli. Italienische Opern, Operetten, Musicals oder auch Orffs „Carmina Burana" stehen hier regelmäßig auf dem Programm.
Theater Augsburg
Kennedyplatz 1
(Freilichtbühne: Rote-Torwall-Straße)
Telefon 08 21/3 24-49 00
www.theater.augsburg.de

Augsburgs sehenswerteste Spielstätte widmet sich der leichten Muse: das Kurhaustheater im Stadtteil Göggingen. Die 1886 errichtete Glas-/Eisen-Konstruktion war das Theater der Ende des 19. Jahrhunderts weltberühmten „Orthopädischen Heilanstalt" des Johann Friedrich von Hessing. „Der Wunderdoktor von Göggingen", der als dreizehntes Kind einer armen Handwerkerfamilie Schreinerei und Orgelbau gelernt hatte, erfand bahnbrechende orthopädische Hilfsmittel. Sogar die deutsche Kaiserin und der Leibarzt des russischen Zaren zählten zu seinen

Das Kurhaustheater Augsburg im Stadtteil Göggingen ist ein „Palast aus Licht und Glas".

Patienten. Sie lernten das Kurhaustheater zu seinen Glanzzeiten kennen. Restauriert und 1996 der heutigen Bestimmung zugeführt, wird das Kurhaustheater jetzt für populäres Sprech- und Musiktheater, vor allem für Komödien und Musicals, genutzt. Der „Palast aus Licht und Glas" und der wiederhergestellte historische Park können auch im Rahmen von Führungen besucht werden.
Kurhaus Göggingen
Klausenberg 6
Telefon 08 21/9 06 22 22
www.parktheater.de

Was die Reeperbahn für Hamburg, ist die Puppenkiste für Augsburg – scharfe Puppen gibt es hier wie da. Damit allerdings enden die Gemeinsamkeiten – was den Vorteil hat, dass man schon mal Kinder und Jugendliche mitnehmen kann zum

5 TIPPS FÜR GÄSTE

Ein unvergessliches Erlebnis für Kinder wie Erwachsene– eine Aufführung der Augsburger Puppenkiste.

abendlichen Marionettenvergnügen. Voraussetzung dafür ist allerdings, dass man überhaupt Eintrittskarten für das generationenübergreifende Erlebnis im Haus der weltberühmten „Stars an Fäden" ergattert.
Augsburger Puppenkiste
Oehmichens Marionettentheater
Spitalgasse 15
Telefon 08 21/45 03 45-0
www.augsburger-puppenkiste.de

Die Kleinkunst entdeckt man in der Altstadt hinter dem Rathaus. Das Kulturhaus Kresslesmühle hat sich mit ganzjährigem Programm und zwei national beachteten Kabarettreihen zu einer deutschen Kleinkunst-Hochburg gemausert. Nachwuchskünstler aus Bayern geben sich hier ebenso die Ehre wie die Prominenz der deutschen Kabarettszene.
Kulturhaus Kresslesmühle
Barfüßerstraße 4
Telefon 08 21/3 62 15
www.kresslesmuehle.de

Ein Konzert auf der Freilichtbühne am Roten Tor, die größte Süddeutschlands und eine der schönsten in ganz Deutschland. Sie wird von Juni bis Juli bespielt.

DAS ABENDPROGRAMM

Wem das alles nicht genügt: Mit der Kongresshalle Augsburg beim Hotelturm und der Schwabenhalle im Messezentrum bietet die Stadt zwei regelmäßig genutzte Veranstaltungshallen für Volksmusik und Klassik, Rockkonzerte und mehr.

Auch die Nachbarkommunen Augsburgs bieten modernste Spielstätten mit anspruchsvollem Programm. Die Stadthallen in Gersthofen (bis zu 900 Plätze) und Neusäß sowie die Singoldhalle Bobingen bieten ganzjährig gehobene „Bühnenkost". Sie sind jeweils nur wenige Autominuten vom Augsburger Zentrum entfernt.

Wo sind die Kneipen? Die kürzesten Wege von einer Eingangstür zur nächsten findet man entlang der Maximilianstraße und in der Altstadt. Und die Kinos? Auch davon hat Augsburg eine ganze Menge: je ein großes Multiplex-Kino am Hauptbahnhof im Westen der City und bei der City-Galerie im Osten und außerdem eine Reihe ambitionierter Programmkinos wie das „Liliom", das „Mephisto", das „Thalia" oder das „Savoy".

Und das etwas weniger kulturorientierte, dafür freizügigere Nachtleben mit den leicht geschürzten Damen? Man findet es in Augsburg seit mehr als 50 Jahren im „Cabaret Apollo", dem Nachtclub in der Fuggerstraße. Zu Alternativen, Risiken und Nebenwirkungen befragen Nachtschwärmer am besten einen Experten in Form eines Taxifahrers (am Königsplatz oder am Hauptbahnhof).

TIPPS

Kartenvorverkauf: Bei der Regio Augsburg Tourismus GmbH gibt es Eintrittskarten für das Theater Augsburg (Telefon 08 21/5 02 07-33). Legoland-Tickets erhält man in Augsburg auch bei der Tourist-Information der Regio. Weitere Vorverkaufsstellen:

Theater Augsburg, Kasernstraße 4 – 6, Telefon 08 21/3 24-49 00
www.theater.augsburg.de

Parktheater, Kurhaus Göggingen
Telefon 08 21/9 06 22 22
www.parktheater.de

AZ-Kartenservice RT.1
Maximilianstraße 3
Telefon 0 18 05/45 04 11

Stadtzeitung Kartenservice
Konrad-Adenauer-Allee 11
Telefon 08 21/50 71-1 30

Stadthalle Gersthofen
Rathausplatz 2, Gersthofen
Telefon 08 21/24 91-5 50
www.stadthalle-gersthofen.de

Singoldhalle Bobingen
Rathausplatz 1, Bobingen
Telefon 0 82 34/80 02-30
www.bobingen.de

Gastro-Tipp: Der „Hoffmann-Keller" im Theater Augsburg bietet nach den Vorstellungen schickes Ambiente im Kellergewölbe, eine kurze Getränkekarte und eine ganz lange Theke – an manchen Tagen auch Programm.

5 TIPPS FÜR GÄSTE

Was wann passiert – zu Plärrer, Turamichele und Christkindlesmarkt

Die regelmäßig wiederkehrenden Veranstaltungen im Jahreslauf? Davon bietet Augsburg einige – von den traditionsreichen populären Volksfesten und Märkten bis zu Kleinkunstspektakeln, Festivals und Musikreihen mit teilweise internationaler Beteiligung. Von Mozart bis Jazz, von Filmtagen bis Open-Air-Kino reicht das Veranstaltungsspektrum.

„Immer streune ich abends übern Plärrer", schrieb Bertolt Brecht 1920 in sein Tagebuch. Der weltberühmte Dichter setzte dem größten schwäbischen Volksfest ein literarisches Denkmal, das von seiner Vorliebe für Plärrer-Bier und Schiffsschaukeln erzählt. Beides gibt es noch – der „Plärrer" ist mehr als 125 Jahre alt und beliebt wie eh und je.

Jeweils ab Ostern und ab Ende August zieht dieses „schwäbische Oktoberfest" zwei Wochen lang die Massen an. Überhaupt spielt bei Augsburgs populärsten Volksfesten die Tradition eine große Rolle.

Die zweimal jährlich stattfindenden „Dulten" (jeweils an Ostern und ab Ende September) in der Jakobervorstadt blicken auf eine fast tausendjährige Vergangenheit zurück. Heute ist „Augsburgs längstes Kaufhaus" zwischen dem Jakobertor und dem Vogeltor ein archaisches Einkaufsvergnügen mit einem skurrilen Mix aus Kochtöpfen, Geschirr, Kleidung, Kräutern und Kakteen, Würstlbuden und billigem Jakob.

Bild oben: Dem „Plärrer", Schwabens größtem Volksfest, hat schon Brecht ein literarisches Denkmal gesetzt.

VERANSTALTUNGEN

Auf eine lange Geschichte beruft sich auch die „Jakober Kirchweih", die jährlich Ende Juli in der Jakobervorstadt gefeiert wird. Sie geht auf Pilger zurück, die über die Augsburger Jakobskirche nach Santiago de Compostela zogen. Ab dem 9. Jahrhundert wurde der Jahrestag der Kirchweihe am Jakobstag (25. Juli) mit Brauern und Bäckern, Gauklern und fahrendem Volk gefeiert.

Vergleichsweise „jung" ist dagegen der Augsburger Christkindlesmarkt. Er weist „nur" eine über 500-jährige Tradition auf, ist dafür aber wegen seiner zentralen und romantischen Lage vor Rathaus und Perlach einer der schönsten Weihnachtsmärkte Deutschlands. Vom Freitag vor dem Advent bis zum 24. Dezember zieht der Christkindlesmarkt mit bunten Buden, dem Engelesspiel in den Rathausfenstern und einer acht Meter hohen Weihnachtspyramide Jahr für Jahr hunderttausende Besucher an.

Einer der schönsten Weihnachtsmärkte Deutschlands: der Augsburger Christkindlesmarkt vor dem Rathaus.

Zum Auftakt der traditionsreichen „Jakober Kirchweih" ziehen jedes Jahr historisch gekleidete Augsburger durch die Jakobervorstadt.

5 TIPPS FÜR GÄSTE

Am 29. September ist der Tag des „Turamichele": Erzengel Michael sticht auf den Teufel ein, Kaiser Augustus schaut zu, und die Kinder feiern das traditionelle Stadtfest vor dem Perlachturm.

Zu den traditionsreichen jährlichen Augsburger Ereignissen gehört auch das „Turamichele": Jahr für Jahr am 29. September, dem Michaelstag (heute bereits an den Tagen davor), sticht der hölzerne Erzengel vor dem Bogenfenster im Perlachturm zum Schlag der Turmuhr auf den Teufel ein. Das Fest soll erstmals 1526 gefeiert worden sein. Am Michaelstag wurden Miete und Zins fällig, und an diesem Tag wechselte man die Mietwohnung oder den Arbeitgeber.

Die „Freilichtbühne am Roten Tor" hat jährlich im Juni und Juli Oper, Operette oder Musical auf dem Programm. Schon die Lage in den Wallanlagen beim Roten Tor begeistert: Die zweitgrößte Freilichtbühne in Deutschland ist eine der schönsten.

Drei Musikreihen erinnern in Augsburg an große Namen – an Wolfgang

Klassische Musik im barocken Rahmen: die jährlichen „Konzerte im Fronhof" vor der früheren Fürstbischöflichen Residenz beim Augsburger Dom.

Amadé und Leopold Mozart (abwechselnd) „Deutsche Mozartfeste" oder „Augsburger Mozartfeste" (jährlich im Mai). Zu den regelmäßig veranstalteten sommerlichen Freiluft-Terminen gehören die „Konzerte im Fronhof" (jeweils ein Wochenende im Juli). Sie finden am Abend vor der Kulisse der Bischöflichen Residenz statt (bei schlechter Witterung in der evangelischen Heilig-Kreuz-Kirche). Zwei Kammerkonzerte hört man im Rokokosaal der Residenz. Auch dort steht die Musik von Vater und Sohn Mozart (nur wenige Schritte neben dem Mozartdenkmal im Fronhof) im Mittelpunkt.

In der Konzertreihe „Die Fugger und die Musik" hört man in Schlössern, in Kirchen und weiteren für die Geschichte der Familie bedeutsamen Baudenkmälern Werke vom Mittelalter über Klassik bis zur Moderne. Die Konzerte des „Internationalen Augsburger Jazzsommers" (Juli und August) genießt man beim Rosenpavillon im Botanischen Garten oder in Kneipen. Im „Kulturhaus Kresslesmühle" laufen mit den „Augsburger Kabarett Tagen" (im Frühjahr) und dem „Augsburger Kabarett Herbst" zwei der führenden Kleinkunstreihen Deutschlands. Cineasten schätzen die „Tage des unabhängigen Films", die „Kurzfilmwochenenden" und die „Kinderfilmfeste". In Sommernächten locken die Open-Air-Kino-Festivals „Lechflimmern" und „Fribbemaxx" mit mehreren Großbildleinwänden unter den Sternenhimmel.

TIPPS

Termine: Die Regio Augsburg Tourismus GmbH informiert mit dem jährlichen „AugsburgMagazin" und im Web (www.augsburg-tourismus.de) über die Veranstaltungshöhepunkte. Zu aktuellen Veranstaltungen informieren die „Augsburger Allgemeine Zeitung" sowie ihr Internetportal (www.augsburger-allgemeine.de).

Prospekte: Aktuelle Broschüren zum Christkindlesmarkt (deutsch und italienisch), zu den Konzertreihen und den Programmen der wesentlichen Veranstalter erhält man bei der Regio Augsburg Tourismus GmbH unter Telefon 08 21/5 02 07-0.

Ein Konzert des „Internationalen Augsburger Jazzsommers": Seine musikalischen Höhepunkte hört man beim Rosenpavillon im Botanischen Garten.

Mit Kindern: von der weltberühmten Puppenkiste bis zur Western-City

Anderswo ist die Städtetour mit „Kind im Gepäck" vielleicht ein Problem. Aber nicht in Augsburg: Dank der Augsburger Puppenkiste ist die Stadt für die Kleinen ein attraktives Ziel. Auch der Augsburger Zoo mit 1500 Tieren aus 250 Arten sowie die Indianer, Cowboys und Pferde der Süddeutschen Karl-May-Festspiele in der nahen Western-City Dasing sind ein Erlebnis.

Wenn Kinder sich langweilen, wird die schönste Städtetour für die Eltern zum Desaster. Deshalb ist Augsburg ein Tipp für Städtereisen mit dem Nachwuchs. Bei vielen Eltern ist die Stadt allerdings nicht nur darum so beliebt, weil sie für den Nachwuchs spannend ist. Auch die Erwachsenen werden selbst nicht selten an eigene Kindheitstage erinnert, da die „Stars an Fäden" aus Augsburg schon vor Jahrzehnten mit Fernseh-Vierteilern für Unterhaltung sorgten.

Bild oben: Urmel und die Insel „Titiwu" haben junge Eltern meist schon in der eigenen Kindheit kennengelernt.

Jim Knopf und Lukas der Lokomotivführer, das Urmel aus dem Eis, Bill Bo und seine Bande, der Löwe, das Sams oder Monty Spinnerratz sind Augsburgs wohl bekannteste Exportartikel. Die beliebtesten Marionetten sieht man (außer an den Montagen) im Museum über der Spielstätte der Puppenkiste im Heilig-Geist-Spital.

Das Puppentheatermuseum zeigt hölzerne Charakterköpfe der seit 1948 von der Familie Marschall-Oehmichen betriebenen Marionettenbühne, für die 6000 Puppen individuell von Hand geschnitzt wurden. In Szenen hinter Glas sind komplette

MIT KINDERN

Bühnenlandschaften zu sehen: Das Schiff der „Wilden 13" schwimmt im (Folien-)Meer vor der Insel „Lummerland". Über Urmels Insel „Titiwu" fliegt der König mit dem Helikopter. Die Blechbüchsenarmee rollt den Abhang hinunter… Doch so schön das Museum ist: Das größte Erlebnis ist und bleibt eine der Aufführungen der Marionettenbühne.

Augsburger Puppenkiste
Oehmichens Marionettentheater
Spitalgasse 15
Telefon 08 21/45 03 45-0
www.augsburger-puppenkiste.de

Puppentheatermuseum „Die Kiste"
Spitalgasse 15
Telefon 08 21/45 03 45-0
www.diekiste.net

Mit 600 000 Besuchern ist der Augsburger Zoo ein großer Publikumsmagnet. 1500 Tiere aus 250 Arten – von Löwen über Affen und Bären bis zu den Elefanten – bevölkern die weitläufige Anlage um das zentrale

Der Löwe ist los im Museum der Puppenkiste – allerdings hinter Glas…

Afrikapanorama, wo sich Giraffen, Antilopen und Zebras tummeln. Die jüngsten Favoriten in der Besuchergunst sind die Nashörner. Ein Höhepunkt für die ganz Kleinen ist der

600 000 Besucher jährlich sehen „Papa Pavian" und rund weitere 1500 Tiere.

5 TIPPS FÜR GÄSTE

Ein Tummelplatz auch für ganz große Tiere – das Afrikapanorama des Augsburger Zoos.

Abenteuerspielplatz mit Streichelzoo. Ein Zoo-Bähnle gibt es auch.
Zoologischer Garten Augsburg
Brehmplatz 1
Telefon 08 21/56 71 49-0
www.zoo-augsburg.de

Großen Spaß mit kleinen Tieren zwischen großen Blüten haben Kinder im benachbarten Botanischen Garten. Dort finden jährlich Schmetterlingsschauen im „Pavillon der Schmetterlinge" (jeweils im Frühjahr in der „Pflanzenwelt unter Glas") statt.
Botanischer Garten Augsburg
Dr.-Ziegenspeck-Weg 10
Telefon 08 21/3 24-60 38
www.augsburg.de

Auch das Augsburger Umland lockt Familien an. In der Western-City im 15 Autobahnminuten von Augsburg entfernten Dasing begeistern im Sommer auf einer Naturbühne die „Süddeutschen Karl-May-Festspiele" mit Winnetou und Old Shatterhand, mit bösen Schurken, blutrünstigen Indianern, rauchenden Colts und scharfen Ritten. Die Tribüne ist überdacht, die Sitzplätze sind beheizbar. Rothäute und schießwütige Westmänner erlebt man in der Westernstadt natürlich auch unabhängig von den Festspielterminen.
Fred-Rai-Western-City Dasing
Neulwirth 3, Dasing
Telefon 0 82 05/2 25
www.western-city.de

Für Wasserspaß sind Kinder meist zu haben: Neben etlichen Freibädern (im Familienbad beim Plärrer zum Beispiel mit einer Riesenrutsche) lockt Augsburg mit dem Kuhsee im Stadtteil Hochzoll oder mit dem Autobahnsee. Wetterunabhängig sind die Erlebnisbäder in den angrenzenden Städten Königsbrunn und Neusäß. Im Neusäßer „Titania" lässt sich der Nachwuchs von der Riesenrutsche,

MIT KINDERN

Indianer und Cowboys in Aktion erlebt man bei den „Süddeutschen Karl-May-Festspielen" in der nahen Western-City in Dasing.

einem fast echten Piratenschiff und der Haifischgrotte begeistern.
Titania Neusäß
Birkenallee 1, Neusäß
Telefon 08 21/45 44 03-0
www.titania-therme.de

Königstherme
Königsallee 1, Königsbrunn
Telefon 0 82 31/96 28-0
www.koenigstherme.de

Einrichtungen für Kinder sind außerdem das Augsburger Kulturhaus „abraxas" (Sommestraße) sowie das Naturmuseum und das Planetarium (Ludwigstraße) – mit Programm für kleine und große Besucher. Zudem gibt es etliche für Kinder spannende Veranstaltungen wie den Oster- und Herbstplärrer. Für glänzende Kinderaugen sorgt der Christkindlesmarkt.

TIPPS

Puppenkiste: Eintrittskarten für Vorstellungen der Augsburger Puppenkiste sind über den Vorverkauf nur äußerst schwer zu bekommen. Die Regio Augsburg verfügt über ein kleines Kontingent für weit gereiste Gäste. Buchung (14 Tage im Voraus) unter Telefon 08 21/5 02 07-0.

Ausstellungen: Das Puppenkistenmuseum „Die Kiste" zeigt regelmäßig Sonderausstellungen. Mehr Infos: Telefon 08 21/45 03 45-0 und im Web (www.diekiste.net).

Für den Schulausflug: Schulklassen bringt der „Weltkriegsbunker in der Fuggerei" die Zeit des Nationalsozialismus, des Zweiten Weltkriegs und der kargen Wiederaufbaujahre nahe. Im erschütternden Hörbild kommt ein Zeitzeuge zu Wort, ein Film zeigt die zerbombte Stadt: So wird Geschichte für Kinder lebendig (www.fugger.de).

6 AUGSBURGS UMLAND

Wie eine Walnuss zwischen zwei Schalen liegt Augsburg zwischen dem „Wittelsbacher Land" und dem „Augsburger Land": Östlich des Lechs findet man altbaierisches Brauchtum, die „Wiege der Wittelsbacher", die alten Städte Aichach und Friedberg und das „Sisi-Schloss". Westlich der Großstadt entdeckt man den „Naturpark Augsburg – Westliche Wälder", das Lechfeld sowie die Wurzeln der Fugger und der Mozarts.

DIE NACHBARN

6 AUGSBURGS UMLAND

Wittelsbacher Land: die Stammburg, das Sisi-Schloss und der Spargel

Augsburg spricht schwäbisch, und erst Kaiser Napoleon besiegelte das Ende der Freien Reichsstadt als eigenständiger Stadtstaat. Im Jahr 1806 kam Augsburg zu Bayern. Umso überraschender ist für viele Besucher, dass nur wenige Kilometer östlich ein zentrales Kapitel der bayerischen Geschichte begann. Die Reste der Stammburg der Wittelsbacher, die mehr als 700 Jahre lang Bayern regierten, liegen im Nachbarlandkreis Aichach-Friedberg. Die „Wiege der Wittelsbacher" nennt sich deshalb auch „Wittelsbacher Land" – und bietet Sehenswertes vom „Sisi-Schloss" über barocke Wallfahrtskirchen bis zu Bayerns ältestem Leonhardiritt.

Im Prinzip ist alles ganz einfach. Westlich des Lechs liegt Schwaben, und östlich des Gebirgsflusses, der seit jeher Sprachgrenze ist und der mehr als tausend Jahre die politische Grenze war, liegt Bayern. Auch wenn die Grenze der Großstadt Augsburg heute ein paar Kilometer östlich des Lechs verläuft, gilt das noch heute. Von Augsburgs östlicher Grenze erstreckt sich der Landkreis Aichach-Friedberg (das „Wittelsbacher Land") bis ins Umland von München.

In der 25 Autominuten von Augsburg entfernten Kreisstadt Aichach begann eines der wichtigsten Kapitel der bayerischen Geschichte. Seit der Zeit um 1120 benannten sich die vormaligen Grafen von Scheyern nach ihrer erstmals 1115 erwähnten Burg

Bild oben: Das „Sisi-Schloss" Unterwittelsbach gehörte einst dem Vater der Kaiserin Elisabeth von Österreich. Sie hielt sich wohl als Kind dort auf.

IM WITTELSBACHER LAND

Altbaiern pur: Der Leonhardiritt in Inchenhofen ist wohl der älteste und einer der schönsten Bayerns.

in Wittelsbach. Nachkommen dieser „Wittelsbacher" sollten mehr als 700 Jahre über Bayern regieren. Von der Burg im heutigen Aichacher Stadtteil Oberwittelsbach sind nur noch der ❶ Burghügel sowie Mauerreste der 1209 zerstörten Stammburg, die über den Fundamenten des Bergfrieds erbaute Wallfahrtskirche und das neugotische Wittelsbacherdenkmal (1832 bis 1834 errichtet) zu sehen.

Nur einen kleinen Spaziergang vom Burghügel in Oberwittelsbach entfernt liegt das ❷ Wasserschloss in Unterwittelsbach. Man nennt es heute „Sisi-Schloss", weil es bis 1888 Herzog Max in Bayern – dem Vater der Kaiserin Elisabeth von Österreich – gehörte.

Man geht davon aus, dass sich die kleine „Sisi" (die durch die „Sissi"-Filme mit Romy Schneider eingeführte Schreibweise ist falsch) zeitweilig auch im Jagdschloss ihres Vaters aufhielt. Über den trinkfesten,

Die Sühnekirche in Oberwittelsbach steht über den Resten der Stammburg der Wittelsbacher, die mehr als 700 Jahre lang das Land Bayern regierten.

6 AUGSBURGS UMLAND

Typisch Altbaiern: mittelalterliches Stadttor und Maibaum in Aichach.

auch noch das Schloss im nahen Kühbach, das Jagdschlösschen in Rapperzell und darum herum ein riesiges Jagdrevier besaß.

Eingekehrt ist der Vater der Kaiserin gern im „Gasthof Bauerntanz" im nahen ❸ Aichach. Die typisch altbaierische Kleinstadt wurde 1235 vom Wittelsbacher Herzog Otto II. gegründet. 1347 verlieh ihr Kaiser Ludwig der Bayer das Stadtrecht. Die Altstadt liegt zwischen den zwei Stadttoren. Auf dem Marktplatz steht das barocke Rathaus.

Zither spielenden und die Jagd liebenden bayerischen Herzog und seine Tochter Elisabeth ranken sich im „Wittelsbacher Land" jedenfalls diverse Anekdoten. Ganz sicher ist: Unterwittelsbach war von 1839 bis 1850 der liebste Sommersitz des populären Herzogs, der seinerzeit

Es gibt Zeiten, zu denen es sich besonders lohnt, die „Wiege der Wittelsbacher" zu besuchen. Zum Beispiel während einer der Ausstellungen im „Sisi-Schloss" in Unterwittelsbach, die sich mit dem Leben und der Zeit der österreichi-

Das barocke Rathaus ist das Zentrum Friedbergs, der Uhrmacherstadt an der Romantischen Straße.

Neueröffnung im Oktober 2008

Stadtmuseum Aichach

Das im Oktober 2008 vollständig eröffnete Stadtmuseum zeigt einen reichen Querschnitt durch die Kunst- und Kulturgeschichte der alten Herzogstadt Aichach und ihrer Umgebung.

| Interaktive Stationen |
| Neue Dauerausstellungsbereiche |
| Laufend Sonderausstellungen |

Öffnungszeiten:
Donnerstag, Sonntag und Feiertage
von 14 bis 17 Uhr
Führung jeden ersten Sonntag im Monat
Gruppen jederzeit nach Voranmeldung
unter Telefon 0 82 51/9 02-0 (Info-Büro)

Stadtmuseum Aichach
Schulstraße 2 · 86551 Aichach
Telefon 0 82 51/82 74 72
www.stadtmuseumaichach.de

stadt aichach
gut beinander!

6 AUGSBURGS UMLAND

Auf Gut Mergenthau bei Kissing erinnert eine Erlebniswelt an den „deutschen Robin Hood", den Wilderer und Räuberhauptmann Matthäus Klostermayr. 1777 wurde der sogenannte „Bayerische Hiasl" hingerichtet.

schen Kaiserin befassen. Zur Spargelsaison, weil um Aichach im Mai und im Juni jene zarten Stangen gestochen werden, die unter dem Namen des nahen Schrobenhausen vermarktet werden. Oder auch zum ❹ Leonhardiritt im Wallfahrtsort Inchenhofen (jährlich im November).

Zur Barockkirche St. Leonhard und damit zum Patron der Gefangenen, Gebärenden und Haustiere führte früher die viertgrößte Wallfahrt der christlichen Welt. Heute findet in Inchenhofen jährlich an dem Sonntag im November, der dem Namenstag dieses Heiligen am nächsten kommt, der älteste (und – was man sich hier nicht nehmen lässt – auch schönste) Leonhardiritt Bayerns statt. Rund 200 Pferde und festlich geschmückte Kutschen, Blasmusikgruppen und die Schauwagen mit Szenen aus dem Leben des heiligen Leonhard ziehen um die sehenswerte Kirche.

Das „Wittelsbacher Land" ist aber keineswegs nur in und um Aichach einen Besuch wert. In Sichtweite von Augsburg liegt ❺ Friedberg, 1264 ebenfalls von einem Wittelsbacher Herzog gegründet. Die Burg über der Stadt war jahrhundertelang eine gegen Augsburg gerichtete Grenzfestung der Bayern. Nach einem Brand ließen die Wittelsbacher bis 1559 das ❻ Renaissanceschloss errichten. Bis heute prägen Stadtmauern und Stadttürme das romantische Bild des hoch über dem Lechtal gelegenen Friedberg. Alle drei Jahre versetzt das historische Altstadtfest „Friedberger Zeit" einige Tage lang Besucher in die goldene Epoche dieser altbaierischen Stadt und in die ganz große Zeit der Friedberger Uhrmacher. Von 1680 bis 1790 war Friedberg eine europaweit exportierende Uhrmacherstadt: Ihre Meister konkurrierten mit denen der Weltstadt London.

Eine sehenswerte Sammlung von prachtvollen Uhren dieser Epoche kann man im Museum im Schloss besichtigen. Die Altstadt mit dem Barockrathaus und dem Marienbrunnen, mit den Giebeln behäbiger Bürgerhäuser und verwinkelten Uhrmachergässchen ist ebenfalls ein Relikt der großen Zeit Friedbergs.

friedberg beflügelt

Friedberg – gegründet 1264 von Herzog Ludwig II. – erfreut die Besucher mit seiner intakten historischen Altstadt, deren italienisch anmutender Charme bei einem Bummel durch die romantischen Gassen noch verstärkt wird. Der Städtetourist findet in der reizvollen „altbaierischen Herzogstadt" vielfältige Baudenkmäler wie z.B. das Renaissance Rathaus, erbaut 1680 in der Nachfolge von Elias Holl, das Wittelsbacher Schloss, die im Westen noch fast vollständig erhaltene Stadtbefestigung mit Rundtürmen und Backsteinmauern, die prunkvolle Wallfahrtskirche „Herrgottsruh" u.v.m. Eine Vielzahl interessanter Geschäfte lädt zum Einkaufen ein und für die Einkehr findet man einladende Cafés sowie Gasthäuser und Restaurants mit abwechslungsreicher, auch regionalbezogener Küche. Kulinarische Höhepunkte erwarten die Gäste bei den „Wittelsbacher Spezialitätenwochen".

Die junge und moderne Stadt Friedberg zeigt Ihre Stärken auch in einem überregional bekannten kulturellen Angebot. Dazu zählen insbesondere das Altstadtfest „Friedberger Zeit", der Sonnwend-Töpfermarkt, der Friedberger Musiksommer und der romantische Weihnachtsmarkt „Friedberger Advent". Eine Vielzahl an Konzerten, der Fitnesstag im Frühjahr und Halbmarathon im Herbst ergänzen die breite Veranstaltungspalette. Friedberg lässt sich am besten bei einer der vielen Stadt- und Kirchenführungen oder mit besonderem Ambiente bei einer Romantischen Führung mit Candle-Light-Dinner erkunden.

Infos: Touristinformation der Stadt Friedberg
Marienplatz 5 · 86316 Friedberg
Tel. 08 21/60 02-6 11 · Fax -1 90
touristinfo@friedberg.de
www.friedberg.de

6 AUGSBURGS UMLAND

TIPPS

Gastronomie: Gehobene Küche im feinen Ambiente wird zum Beispiel von den „Spezialitätenwirten im Wittelsbacher Land" präsentiert. Infos beim Verein Wittelsbacher Land, Telefon 0 82 51/92-2 59 und im Web (www.wittelsbacherland.de).

Direktvermarktung: Diese Gegend bietet nicht nur frischen Spargel, sondern viele landwirtschaftliche Produkte frisch ab Hof. Auskünfte dazu beim Verein Wittelsbacher Land, Telefon 0 82 51/92-1 02.

Termine: Das „Wittelsbacher Land" lockt mit den jährlichen Ausstellungen im „Sisi-Schloss", mit einem „Skulpturenpfad" in Friedberg, Altstadtfesten in Aichach und Friedberg und (alle zwei Jahre) „Oxenrennen". Auskünfte bei der Regio Augsburg und beim Verein Wittelsbacher Land.

Kinder: Für Kids sind die Cowboys und Indianer, das Fort und der Saloon der Western-City Dasing und die sommerlichen „Süddeutschen Karl-May-Festspiele" ein Hit (Ostern bis Oktober). Information unter Telefon 0 82 05/2 25 (www.western-city.de).

Radeln und Wandern: Sehenswertes und Touren um die Stammburg der Wittelsbacher und um Unterwittelsbach beschreibt die Broschüre „Altbaierische Sisi-Tour – Wandern und Radwandern um das Sisi-Schloss". Erhältlich bei der Regio Augsburg unter Telefon 08 21/5 02 07-0.

Zur Blüte der Stadt hat die Wallfahrtskirche ❼ „Herrgottsruh" beigetragen. Ein Friedberger hatte 1606 nach der Heimkehr aus türkischer Gefangenschaft eine Kapelle errichten lassen – ab 1731 entstand eine „wallfahrtswürdige" Kirche. Fresken von Asam und Günther machen die Kirche zu einer der herausragenden Schöpfungen des bayerischen Barock.

(Wallfahrts-)Kirchen gibt es im Landkreis Aichach-Friedberg etliche. Die wohl originellste liegt zwischen Friedberg und Aichach, nahe der Autobahn nach München. Die frühbarocke ❽ Wallfahrtskirche Maria Birnbaum bei Sielenbach entstand nach dem Dreißigjährigen Krieg. Sie ist dem Pantheon in Rom nachempfunden.

Zwei Erlebnisse im Wittelsbacher Land lohnen einen Ausflug für junge Familien: Auf Gut Mergenthau nahe Kissing entdeckt man seit 2006 die ❾ Erlebniswelt um den 1777 hingerichteten „Bayerischen Hiasl", einen hier geborenen Wilderer, der zum gejagten, aber bis heute populären Räuberhauptmann wurde (von Mai bis Oktober, jeweils freitags, samstags und sonntags).

Und in Dasing stößt man auf die ❿ Fred-Rai-Western-City, wo man von Ostern bis Oktober Indianern und Cowboys begegnet. Im Sommer begeistern jährlich „Süddeutsche Karl-May-Festspiele" auf der Naturbühne – und die Heldentaten von Winnetou und Old Shatterhand.

IM WITTELSBACHER LAND

Augsburger Land: Römer und Fugger, die Mozarts und ein Naturpark

Der Landkreis Augsburg umschließt Augsburg von Norden, Westen und Süden. Vom Lechfeld im heutigen „Augsburger Land" wanderte Hans Fugger nach Augsburg ein, dessen Nachkommen Kurie, Kaiser und Könige finanzierten. Hier hat die Künstlerfamilie Mozart ihre Wurzeln, deren bekanntestes Mitglied Wolfgang Amadé Mozart werden sollte. Heute wandern oder radeln Besucher durch die „grüne Lunge" des drittgrößten bayerischen Ballungsraums, den „Naturpark Augsburg – Westliche Wälder".

Die Geschichte Augsburgs ist mit der des „Augsburger Lands" auf das Engste verknüpft. Durch den heutigen Landkreis Augsburg zogen römische Soldaten und Händler in Richtung „Augusta Vindelicum" und von dort weiter zur Donau. An die Römerstraße „Via Claudia Augusta" erinnern das Replikat eines Meilensteins bei Untermeitingen sowie die Reste eines Mithrastempels und das 2008 eröffnete ❶ Mercateum (beide in Königsbrunn). Das Mercateum ist der größte begehbare Globus der Welt. Das Äußere des zehn Meter hohen Kugelbaus zeigt eine Weltkarte von 1529. Das Museum in seinem Inneren dokumentiert den Welthandel, der in der Frühen Neuzeit teilweise über die alte Römerstraße verlief (www.mercateum.de).

Von der Römerstraße profitierten vor allem die Augsburger Handelshäuser, allen voran die Fugger. Aus Graben auf dem Lechfeld wanderte 1367 der

Bild oben: Eine Kultur-Installation im Kloster Oberschönenfeld erinnert an die Mozarts im „Augsburger Land".

IM AUGSBURGER LAND

Weber Hans Fugger nach Augsburg ein. Zwei Generationen später finanzierten seine Nachkommen den Aufstieg der Habsburger zur Weltmacht. Seit 1898 erinnert ein bronzenes ❷ Brustbild Hans Fuggers in der Pfarrkirche St. Ulrich und Afra in Graben an den Ahnherrn der Familie.

Aus dem „Mozartwinkel" westlich von Augsburg kamen die frühesten bekannten Mitglieder der Künstlerfamilie Mozart. Der erste Mozart erwarb 1643 das Augsburger Bürgerrecht. Der Baumeister Hans Georg

Das Mercateum in Königsbrunn ist der größte begehbare Globus der Welt und informiert zum „Abenteuer Handel".

Mozart (er war der Urgroßonkel von W. A. Mozart) baute an den Kirchen in Anhausen und Hirblingen. Das älteste erhaltene Haus eines Vorfahren W. A. Mozarts ist ein Bauernhaus in Heimberg. In einer Urkunde des ❸ Klosters Oberschönenfeld wurde der Name Mozart 1331 erstmals erwähnt. Dort wie an anderen Orten im Landkreis, die für die Mozarts eine Rolle spielten, informieren

Aus Graben im Landkreis Augsburg stammen die Fugger. Ein Brustbild Hans Fuggers in der Dorfkirche erinnert an die Wurzeln der Familie.

AUGSBURGS UMLAND

Die Ganghofer-Stätte Welden erzählt vom Leben des hier aufgewachsenen Schriftstellers Ludwig Ganghofer.

Kultur-Installationen zur Geschichte der Familie.

Oberschönenfeld ist das älteste Zisterzienserinnenkloster Deutschlands. Es wurde mit Unterstützung des Bezirks Schwaben zur zentralen, jährlich von Zehntausenden besuchten Attraktion im „Naturpark Augsburg – Westliche Wälder" ausgebaut. Der renovierte Ochsenstall des weitläufigen Klosterareals beherbergt das „Schwäbische Volkskundemuseum": Es zeigt die Dauerausstellung „Vom Wohnen auf dem Lande" und wechselnde Themenschauen. Im benachbarten „Naturparkhaus" bringt eine Ausstellung Landschaft, Tier- und Pflanzenwelt, Land- und Forstwirtschaft im Naturpark nahe. Das „Staudenhaus", ein einst für die Landschaft typisches strohgedecktes kleines Bauernhaus, demonstriert Besuchern das eher karge Leben früherer Zeiten. Der Klostergarten, eine Gaststätte mit Biergarten, Kinderspielplatz, Weltsonnenuhr, ein Skulpturenpark und Kunstausstellungen ergänzen die Angebote des Ausflugsziels.

Aufwändig renoviertes bayerisches Barock (und außerdem von ihren Besuchern gerne für gutes Essen und Trinken genutzte Gaststätten) bieten auch zwei weitere Klöster im „Augsburger Land". Sowohl das von einem Kreuzfahrer gestiftete ❹ Kloster Holzen (12. Jahrhundert) als auch das der Legende nach im 8. Jahrhundert von Herzog Tassilo gegründete bayerische ❺ Urkloster Thierhaupten (Ersteres westlich, das zweite östlich des Lechtals im Norden von Augsburg) locken mit Baukunst, Braukunst und Brotzeit. In der ❻ Wallfahrtskirche St. Jakob in Biberbach – in Sichtweite des Fuggerschlosses Markt – fand 1766 ein Orgelwettstreit zwischen dem

IM AUGSBURGER LAND

Den Nachbau einer Montgolfière sieht man im Ballonmuseum Gersthofen.

zehnjährigen „Wolferl" Mozart und einem einheimischen Wunderkind statt, der nach Berichten von Zeitgenossen unentschieden ausging. Die ❼ Theklakirche in Welden ist ein Rokokojuwel. Sie wurde von Josef Maria Graf Fugger 1756 nach einem Gelübde gestiftet und vom schwäbischen Baumeister Adam Dossenberger bis 1758 errichtet.

Weitere bedeutende Wallfahrtskirchen im „Augsburger Land" sind ❽ St. Michael in Violau, ❾ Heilig-Kreuz in Klimmach und die Kirche ❿ „Maria Hilf" in Klosterlechfeld, die nach dem Vorbild des Pantheons Sta. Maria Rotonda in Rom errichtet wurde. Zu den wichtigeren sakralen Kunstschätzen im Landkreis zählt zudem der dreiflügelige gotische ⓫ Schnitzaltar des Ulmer Bildhauers Daniel Mauch in Bieselbach. Eine beeindruckende Erinnerung an die ehemalige jüdische Gemeinde stellt der seit 1774 in Fischach bestehende ⓬ jüdische Friedhof dar.

In Augsburgs nördlicher Nachbarstadt Gersthofen entdeckt man das europaweit einzigartige ⓭ Ballonmuseum mit zahlreichen Exponaten zu Geschichte und Technik, Risiken und Rekorden der Ballonfahrt. Eine Dauerausstellung auf drei Museums-Ebenen und im früheren Gersthofer Wasserturm erinnert zum Beispiel mit einer originalgetreu nachgebauten Montgolfière an die ersten Ballon-Startversuche Deutschlands in Augsburg und Gersthofen.

Die nach wie vor zahlreichen Fans des – so die Presse – „letzten deutschen Schlagergotts" Roy Black („Ganz in Weiß…") pilgern in den Bobinger Stadtteil Straßberg zur blumen- und bildergeschmückten ⓮ letzten Ruhestätte des 1991 verstorbenen Schlagerstars. In Augsburg begann seine Karriere. Zurück nach Welden: Dort wuchs der im

6 AUGSBURGS UMLAND

TIPPS

Gastronomie: Spitzenküche findet man im „Augsburger Land" in Thierhaupten („Klostergasthof"). Außergewöhnliches Ambiente im früheren Pferdestall verwöhnt die Gäste im „Klostergasthof Holzen".

Mehr Mozart: An sechs Orten im Landkreis findet man Mozart-Kultur-Installationen. Infos und Prospekte bei der Regio (Telefon 08 21/5 02 07-0).

Bähnle fahren: Die „Staudenbahn" transportiert regelmäßig Wanderer und Radwanderer (inklusive Drahtesel) vom Augsburger Hauptbahnhof bis nach Markt Wald. Infos? Bei der Staudenbahn, Telefon 0 82 36/96 21 49 (www.staudenbahn.de).

Baden: Das „Titania" in Neusäß und die „Königstherme" in Königsbrunn sind Erlebnisbäder am Stadtrand. Die „Gerfriedswelle" in Gersthofen ist als Freibad zu empfehlen.

Naturpark: Infos und Broschüren zum „Naturpark Augsburg – Westliche Wälder" erhalten Besucher unter Telefon 08 21/31 02-2 78 oder im Web (www.naturpark-augsburg.de).

Radfahren: Der Naturpark hat mehr Radwege als selbst das Altmühltal.

Wandern: Der „Jakobus-Pilgerweg in Bayerisch-Schwaben" führt von Nord nach Süd durch den Landkreis Augsburg. Infos und Prospekt bei der Regio Augsburg (Telefon 08 21/5 02 07-0).

20. Jahrhundert nach Karl May erfolgreichste deutsche Schriftsteller auf – Ludwig Ganghofer. Er erlebte hier seine Kindheit und Jugend. Im „Landgasthaus Zum Hirsch" dokumentiert die ⓯ Ganghofer-Stätte Welden sein Leben und Werk – und das seines Vaters August, der als bayerischer Forstreformer geadelt wurde (www.ganghofer-welden.de).

Von Süd nach Nord trennt der Lech als Grenzfluss das „Augsburger Land" vom „Wittelsbacher Land". Das ⓰ Lechmuseum Bayern zeigt im Wasserkraftwerk Langweid die Geschichte dieses Gebirgsflusses, seine Bedeutung als Naturraum und als Stromlieferant. Zentrales „Exponat" ist das originale Turbinenhaus von 1907. Außerdem informieren die Ausstellung und ein Museumsfilm (www.lechmuseum.de).

Das Lechmuseum Bayern in Langweid zeigt die Geschichte des Flusses und der Wasserkraft in der Region.

7 FERIENSTRASSEN

ROUTEN ÜBER AUGSBURG

Über Augsburg führt eine der bekanntesten Ferienstraßen der Welt, die „Romantische Straße" zwischen dem Main und den Alpen. Auf zwei internationalen Tourismusstraßen – auf der „Via Claudia Augusta" zwischen Donau und Italien sowie auf der „Sisi-Straße" zwischen Ungarn und der Schweiz – macht man in Augsburg Halt.

7 FERIENSTRASSEN

Weltberühmte Romantische Straße: die „Perle" Augsburg im Mittelpunkt

Augsburg ist eine „Perle der Romantischen Straße" zwischen Würzburg am Main und den Königsschlössern bei Füssen. Die Stadt liegt nicht nur geografisch im Zentrum der ältesten und bekanntesten Ferienstraße der Welt – Augsburg ist auch einer der Höhepunkte der Romantikroute.

Wenn man heute in den USA oder in Japan über Urlaub in Deutschland spricht, sind Rothenburg und Neuschwanstein Synonyme für Städtetourismus und Postkartenidylle in Bayern. Diese beiden weltweit berühmten Reiseziele sind nur zwei der Urlaubstipps an der „Romantischen Straße". Was weniger bekannt ist: Die „Romantische Straße", heute eine weltberühmte Ferienstraße, wurde 1950 in Augsburg „erfunden".

Bild oben: Augsburg liegt an der „Romantischen Straße" – und bei Föhnwetter in Sichtweite der Alpenkette. Rechts: Augsburg gilt als die „Perle" der Tourismusroute (Blick auf St. Ulrich).

Diese Tourismusroute verbindet besonders idyllische Reiseziele von Würzburg am Main über Stationen wie Rothenburg und Dinkelsbühl, Nördlingen und Harburg, Augsburg, Friedberg, Landsberg und Schwangau bis Füssen. Augsburg gilt als „Perle der Romantischen Straße".

Die Fuggerstadt liegt ziemlich genau in der Mitte. Für die Besucher Augsburgs hat dies den Vorteil, dass sie die „Romantische Straße" in jeweils einem Tag sowohl in Richtung Allgäu als auch in Richtung Mainfranken kennenlernen können. Von Augsburg aus liegt das südliche Ende der Ferienstraße bei Schwangau

ROMANTISCHE STRASSE

(mit dem Schloss des bayerischen Königs Ludwig II. in Schwangau) und Füssen (mit einer sehenswerten Altstadt über dem Lech) quasi vor der Haustüre. Gleiches gilt für die Stationen im Norden: Donauwörth (die einzige Donaustadt an der „Romantischen Straße"), die Harburg (eine der schönsten Burgen in Süddeutschland) und das von der komplett erhaltenen Stadtmauer umgebene mittelalterliche Nördlingen sind von Augsburg aus in weniger als einer Autostunde zu erreichen.

Einen Tagesausflug entfernt liegen Dinkelsbühl – die Stadt der Kinderzeche – und Rothenburg, der Inbegriff deutscher Städteromantik. Auch Würzburg mit seiner Bischofsresidenz, der Marienburg und der Mainbrücke ist von Augsburg nur zirka drei Autostunden entfernt.

Nördlichster Punkt der „Romantischen Straße": Würzburg. Hier sieht man die Fürstbischöfliche Residenz.

TIPPS

Übernachtung: Augsburg liegt sehr zentral. Und außerdem gibt es hier etwas für jeden Geldbeutel. Mehr Infos bei der Regio Augsburg, Telefon 08 21/5 02 07-0, und über das Web (www.augsburg-tourismus.de).

Prospekte: Anfordern bei der Regio Augsburg Tourismus GmbH oder bei der Touristik-Arbeitsgemeinschaft Romantische Straße unter Telefon 07 00/90 27 10 00, im Internet unter www.romantischestrasse.de.

Lese-Tipp: Die Porträts der Städte um Augsburg bietet der Reiseführer „Städtetouren zwischen Allgäu und Ries – Romantik, Kultur, Erlebnis und Genuss" (im Buchhandel erhältlich).

Ausflüge: Geführte Tagesausflüge bis Würzburg oder bis Füssen arrangiert die Regio Augsburg Tourismus GmbH auch ganz individuell.

Augsburgs Tourismusziel Nr. 1
Die Fuggerei – älteste Sozialsiedlung der Welt

Die Augsburger Fuggerei ist die älteste bestehende Sozialsiedlung der Welt. Sie wurde 1521 von dem Augsburger Kaufherrn und Bankier Jakob Fugger „dem Reichen" gestiftet.

Das Fuggereimuseum mit Museumsfilm, Infotafeln und Exponaten sowie eine „self-guided-tour" durch die Sozialsiedlung erklären die Geschichte der weltberühmten Sehenswürdigkeit. Die Schauwohnung zeigt das Leben in der Fuggerei heute, das Museum im „Weltkriegsbunker in der Fuggerei" dokumentiert die Zerstörungen im Zweiten Weltkrieg und den Wiederaufbau der Sozialsiedlung.

geöffnet: Montag – Sonntag
April – September   8 – 20 Uhr
Oktober – März   9 – 18 Uhr

❖ FUGGER

Fürstlich und Gräflich
Fuggersche Stiftungs-Administration
Fuggerei 56 · 86152 Augsburg
Telefon 08 21/31 98 81-0
Telefax 08 21/31 98 81-12
www.fugger.de · info@fugger.de

7 FERIENSTRASSEN

Via Claudia Augusta: Natur und Kultur entlang der Römerstraße

Als die Römer im Jahr 8 vor Christus Augsburg – eine der ältesten Städte Deutschlands – gegründet hatten, bauten sie wenig später eine Straße über die Alpen zur schnellen Verbindung für Militär, Händler und Reisende aus: die „Via Claudia Augusta". Heute wird diese Römerstraße als Kultur- und Tourismusroute wiederbelebt. Wanderer, Radwanderer und motorisierte Reisende können der geschichtsträchtigen Route von der Donau über die Alpen bis nach Venetien und in die Po-Ebene folgen.

Jahrhundertelang war Augsburg die glanzvolle Hauptstadt der römischen Provinz Rätien, die von der Donau bis weit in die Schweiz reichte. Ihre wichtigste Verbindung nach Italien war die „Via Claudia Augusta".

Sie führte vom römischen Altinum bei Venedig oder von Ostiglia in der Po-Ebene mit dem einen Zweig über den Brenner, mit dem anderen über den Reschen- und Fernpass bis nach Augsburg und von dort zur Donau. Eine imposant gepflasterte, breite Straße darf man sich unter der bis 46 nach Christus unter Kaiser Claudius entstandenen Militärstraße

Bild oben: Replikate von Steindenkmälern an der Römermauer beim Dom. Rechts: Bronzestatuette eines Genius im Römischen Museum Augsburg.

VIA CLAUDIA AUGUSTA

Vorbei am Replikat eines römischen Meilensteins radelt man auf der Via Claudia Augusta bei Untermeitingen.

nicht vorstellen. Kleine Brücken, Geleisestraßen oder Knüppeldämme ergänzten und begradigten bereits vorhandene Wege. So gut war diese Straße gebaut, dass sie noch jahrhundertelang funktionstüchtig blieb. Heute ist von der Römerstraße nicht viel mehr zu erkennen als Reste von Aufschüttungen. Bei Untermeitingen radelt man am Replikat eines römischen Meilensteins vorbei.

Das Grabmal eines Weinhändlers im Römischen Museum Augsburg zeigt, wie mühselig man per Ochsenkarren vorankam. Heute fährt man entlang der „Via Claudia Augusta" bequem mit dem Auto oder nutzt sie als Radroute. Die Tourismusstraße führt ab Augsburg südwärts über Landsberg, Schongau und Füssen nach Österreich und Norditalien, in Richtung Norden bis Donauwörth.

TIPPS

Via Julia: Augsburg liegt noch an einer zweiten Römerstraße – an der Via Julia. Sie wurde ebenfalls als Tourismusroute wiederbelebt. Von Salzburg aus führt sie am Chiemsee und an München vorbei nach Augsburg und von dort zur Donau in Günzburg, dem römischen „Guntia". Auskünfte bei der Regio Augsburg Tourismus GmbH (Telefon 08 21/5 02 07-0).

Mithraeum: Die Relikte einer unterirdischen – dem Mithras geweihten – Tempelanlage sieht man südlich von Augsburg in einem Schutzbau in Königsbrunn (www.koenigsbrunn.de).

Museum: Das Römische Museum in Augsburg zeigt Funde der römischen Ära in und um Augsburg, die erst mit dem Untergang des Weltreichs endete. Das Mercateum in Königsbrunn erklärt die Rolle der Römerstraße als Handelsweg (www.mercateum.de).

Die Sisi-Straße – von Augsburg aus auf den Wegen der Kaiserin Elisabeth

Die „Sisi-Straße" führt von Augsburg aus in Richtung Osten über Österreich bis zu Elisabeths ungarischem Lieblingsschloss Gödöllö, im Süden bis zum Schloss Miramare an der Adria, im Westen bis nach Genf. Stationen dieser Kulturroute auf Wegen der Kaiserin und Königin Elisabeth sind die Städte, Schlösser und Schlossparks, die in ihrem Leben eine Rolle spielten.

„Die Sisi-Straße – Lebenswege der Kaiserin und Königin Elisabeth" stellte die Regio Augsburg Tourismus GmbH erstmals im Frühjahr 2002 vor. Diese Kultur-Tour auf den Spuren der Kaiserin beginnt in Augsburg, wo Elisabeths ältester Bruder in der Maximilianstraße lebte und wo ihre langjährige Lieblingsnichte, Marie-Luise Gräfin von Larisch-Wallersee, geboren und in der Ulrichsbasilika getauft wurde. Diese Nichte, die später verarmt in Augsburg starb,

Bild oben: Das „Sisi-Schloss" in Unterwittelsbach lockt mit Ausstellungen zum Leben der Kaiserin Elisabeth.

führte ein Leben wie aus der Feder eines zu fantasievoll veranlagten Romanschriftstellers. Sie spielte bei der „Tragödie von Mayerling", bei der Elisabeths einziger Sohn Rudolf ums Leben kam, eine tragende Rolle.

Bei einer Tour ab Augsburg führt die „Sisi-Straße" über das „Sisi-Schloss" in Unterwittelsbach, das Elisabeths Vater Herzog Max in Bayern von 1838 bis 1850 als Sommersitz und als Jagdschloss diente. Die kleine Elisabeth soll mit ihrem Pony durch den Schlosspark geritten sein und – glaubt man den Anekdoten – ihren mit der Zither musizierenden Vater

SISI-STRASSE

Kaiserin Elisabeth: Dieses Porträt von Winterhalter finden Besucher der „Sisi-Straße" in der Wiener Hofburg.

in Wirtshäuser im heutigen „Wittelsbacher Land" begleitet haben.

Richtung Osten folgt die „Sisi-Straße" dem Lebenslauf der Kaiserin. In Bad Ischl wurde sie mit Kaiser Franz Joseph verlobt. Die in den Sommermonaten bewohnte „Kaiservilla" machte Bad Ischl zur „heimlichen Hauptstadt der Donaumonarchie".

Von dort führt der Weg nach Wien zur Sommerresidenz der Habsburger im Schloss Schönbrunn und zu den Kaiserappartements der Hofburg, wo Elisabeths Wohnräume (unter anderem ihr Turnzimmer) und das „Sisi-Museum" zu sehen sind. Im nahen Schloss in Laxenburg verbrachten Elisabeth und Franz Joseph ihre Flitterwochen, hier wurde Elisabeths Sohn Rudolf geboren. Die Franzensburg und der Schlosspark sind heute öffentlich zugänglich. Ein Besuch macht deutlich, warum Laxenburg eine bevorzugte Sommerresidenz der Habsburger (und auch von Sisi) war. Von dort führt die „Sisi-Straße" nach Budapest, wo die Wittels-

TIPPS

Informationen: Broschüren zur „Sisi-Straße" sind bei der Regio Augsburg Tourismus GmbH (Telefon 08 21/5 02 07-0) erhältlich. Infos im Web: www.augsburg-tourismus.de.

Führungen: Die Regio Augsburg bietet eine Stadtführung für Gruppen mit dem Titel „Kaiserin Elisabeth in Augsburgs Geschichte" an. Zu den Kindheitsschlössern der Kaiserin führt ein Ausflug ins „Wittelsbacher Land". Weitere Auskünfte sowie Buchung bei der Regio Augsburg.

Ausstellung: Im „Sisi-Schloss" in Unterwittelsbach finden jährliche Ausstellungen statt (vom Frühjahr bis zum Herbst). Sie behandeln Themen aus dem Leben oder der Zeit der schönen Wittelsbacherin. Weitere Infos bei der Stadt Aichach.

(Rad-)Wandern: „Altbairische Sisi-Tour – Wandern und Radwandern um das Sisi-Schloss" ist ein Prospekt der Regio Augsburg, der zwei Wanderwege sowie eine Radtour zu den drei Schlössern bei Aichach vorstellt, die Sisis Papa, Herzog Max in Bayern, besaß. Man kommt dabei auch zur Burgruine in Oberwittelsbach, die den Wittelsbachern ihren Namen gab.

7 FERIENSTRASSEN

Ein Höhepunkt der „Sisi-Straße" ist Elisabeths Lieblingsschloss in Gödöllö.

bacherin in der Matthiaskirche zur Königin von Ungarn gekrönt wurde. „Burg", Oper, Elisabeth-Brücke und Elisabeth-Denkmal sowie das „Hotel Sissi" erinnern ebenfalls an sie. Von Budapest aus leitet die „Sisi-Straße" nach Gödöllö – zu Elisabeths ungarischem Lieblingsschloss. Schloss

Die „Sisi-Straße" führt heute durch Bayern und Österreich, nach Ungarn, Italien und in die Schweiz.

Gödöllö beherbergt heute ein beeindruckendes Museum mit vielen Exponaten zum Leben der Kaiserin. Im nahen Elisabeth-Park steht ihr anrührendes Denkmal.

Die „Sisi-Straße" erhielt im Jahr 2003 den Bayerischen Innovationspreis für Angebotsgestaltung im Städtetourismus. Und seit dem Jahr 2004 führt diese Kulturroute auch nach Italien. Im Schloss Trauttmansdorff bei Meran (im Zentrum der Gärten von Trauttmansdorff) hielt sich die Kaiserin zweimal zur Winterkur auf. Der „Sissi-Weg" ist eine Spurensuche zwischen dem Schloss und dem Herzen der Kurstadt Meran. Die Route leitet weiter südlich zur Sommerresidenz der Habsburger in Levico Terme. An der Adria liegen Schloss Miramare und die Hafenstadt Triest, die Elisabeth bei ihren Mittelmeerreisen oft besucht hat.

2008 wurde die „Sisi-Straße" bis in die Schweiz verlängert. Sie führt an den Genfer See und nach Genf. Nach einem Attentat verblutete die Kaiserin 1898 im Hotel „Beau Rivage", wo man heute ihr Sterbezimmer sieht.

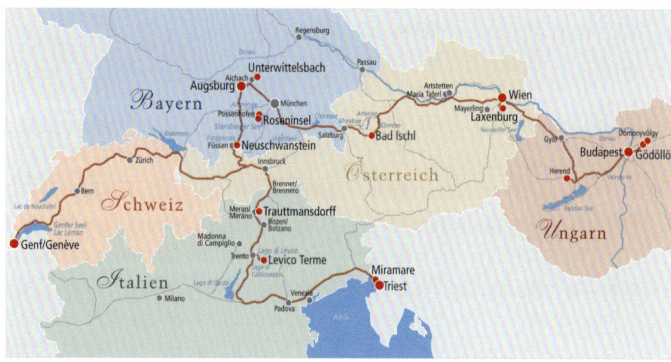

Entdeckungen im Wittelsbacher Land

Städte, Kirchen, Schlösser, Museen und Natur

Östlich von Augsburg liegt der Landkreis Aichach-Friedberg, das „Wittelsbacher Land". Rund um die Stammburg der Wittelsbacher findet man altbaierische Romantik und Kultur in den malerischen Städten Aichach und Friedberg, barocke Wallfahrtskirchen, ländliche Schlösser, Museen und ursprüngliche Natur.

Ausführliche Informationen:
Wittelsbacher Land e. V.,
Münchener Straße 9, 86551 Aichach,
Tel. 08251/92-259, Fax 08251/92-172
www.wittelsbacherland.de
info@wittelsbacherland.de

WAS SIE NOCH WISSEN SOLLTEN

Bildnachweis

Der weitaus größte Teil der Aufnahmen in diesem Stadtführer stammt von dem Fotografen Wolfgang B. Kleiner.

Ausnahmen sind die folgenden Bildmotive:

Augsburger Puppenkiste/Elmar Herr: S. 150 (1)

Besold/Bentele: S. 170

concret WA/Archiv: Rücktitel (1), S. 9 (1), S. 17 (1), S. 21 (1), S. 26 (1), S. 34 (1), S. 38, S. 39, S. 43 (1), S. 58, S. 60 (1), S. 62 (2), S. 64 (1), S. 70, S. 76 (1), S. 77 (1), S. 78, S. 79, S. 84 (1), S. 86 (1), S. 95, S. 101, S. 103 (1), S. 111 (1), S. 122 (1), S. 125 (1), S. 154 (1), S. 166, S. 172

Hannah Kluger: S. 89

Martin Kluger: Rücktitel (2), S. 1, S. 17 (1), S. 28, S. 30, S. 37 (1), S. 44 (2), S. 45, S. 46, S. 48 (1), S. 51 (1), S. 53, S. 59 (2), S. 60 (1), S. 64 (1), S. 65 (2), S. 66 (3), S. 67 (1), S. 68 (2), S. 69, S. 74 (1), S. 75 (1), S. 81, S. 85 (1), S. 90 (1), S. 91 (2), S. 92 (2), S. 93 (2), S. 99 (1), S. 102 (1), S. 108 (1), S. 112, S. 114, S. 115 (2), S. 116 (1), S. 117, S. 118 (1), S. 123 (1), S. 138, S. 142, S. 143, S. 144, S. 156, S. 157 (1), S. 158, S. 162, S. 163 (2), S. 164 (1), S. 180, S. 184, S. 186

Kunsthistorisches Museum Wien: S. 185

Manfred Lehnerl: S. 15 (1), S. 77 (1), S. 84 (1), S. 99 (1), S. 102 (1), S. 122 (1), S. 123 (1), S. 154 (1), S. 164 (1)

Regio Augsburg Tourismus GmbH: S. 8 (1), S. 17 (1), S. 20 (1), S. 61, S. 63, S. 74 (1), S. 86 (1), S. 90 (1), S. 98 (1), S. 108 (1)

Römisches Museum Augsburg: S. 182 (1)

Johannes Schander: S. 57 (2), S. 70, S. 76 (1), S. 85 (1), S. 87, S. 88, S. 109, S. 120, S. 124, S. 127, S. 137 (1)

Textilmuseum (tim)/Christina Bleier: S. 104 (1)

Theater Augsburg: S. 150 (1)

Alle in diesem Stadtführer verwendeten Karten: concret Werbeagentur GmbH Augsburg

EINE DER FASZINIERENDSTEN STÄDTE DEUTSCHLANDS:
AUGSBURG

Herzlich willkommen im von den Römern gegründeten Augsburg, einer der ältesten Städte Deutschlands. Augsburg ist die Stadt der Fugger und der Fuggerei, der Künstlerfamilie Mozart, die Geburtsstadt Bertolt Brechts und die Heimat der Augsburger Puppenkiste. Kurz: Augsburg ist ein Erlebnis. Die Regio Augsburg Tourismus GmbH sagt Ihnen gerne, wo, wann und wie.

www.augsburg-tourismus.de

Was Sie sonst noch alles wissen wollen zu Prospekten und Reiseführern, Führungen und Fahrten, Sehenswürdigkeiten und Veranstaltungen, Übernachtungen und Gastronomie, Messe, Tagung und Kongress finden Sie ebenfalls auf dieser Website. Wir freuen uns natürlich auch auf Ihren Anruf.

Regio Augsburg Tourismus GmbH
Schießgrabenstraße 14
86150 Augsburg
Telefon 08 21/5 02 07-0
Telefax 08 21/5 02 07-45
www.augsburg-tourismus.de
tourismus@regio-augsburg.de

Impressum

Augsburg. Stadtführer
durch 2000 Jahre Geschichte
Der offizielle Reiseführer der
Regio Augsburg Tourismus GmbH/
Martin Kluger

Herausgeber:
Regio Augsburg
Tourismus GmbH, 2008
(Reise-Taschenbuch)
ISBN 978-3-939645-10-8
1. Auflage,
Dezember 2008

Pläne, Grafik und Produktion:
concret WA GmbH, Augsburg
Alle Rechte vorbehalten.
Bibliografische Information
der Deutschen Bibliothek.

Die Deutsche Nationalbibliothek
verzeichnet diese Publikation in
der Deutschen Nationalbibliografie,
detaillierte bibliografische Daten
sind im Internet über
http://dnb.d-nb.de abrufbar.

ISBN 978-3-939645-10-8
© context verlag, Augsburg 2008
www.context-mv.de

Augsburg, Fugger, Mozarts und mehr...

Wissen, wo es in Augsburg langgeht...

Bundesweit im Buchhandel

- **Augsburg. 2000 Jahre in Bildern**
  Dieser repräsentative Bildband zeigt die schönsten Ansichten einer großen deutschen Stadt. 120 Seiten, 22,50 EUR

- **NEU! Die Fugger.
  Die deutschen Medici in und um Augsburg**
  Die Geschichte der Fugger... Und die Fuggerhäuser, Fuggerschlösser und Fuggerkirchen. 144 Seiten, 9,80 EUR (Reisetaschenbuch)

- **NEU! W. A. Mozart und Augsburg:
  Vorfahren, Vaterstadt und erste Liebe**
  Mozart war ein halber Augsburger – und entdeckte in seiner Vaterstadt die Liebe... 96 Seiten, 8,90 EUR (Reisetaschenbuch)

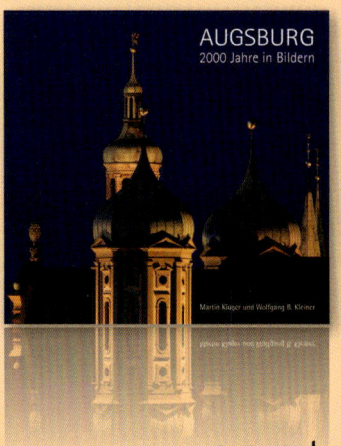
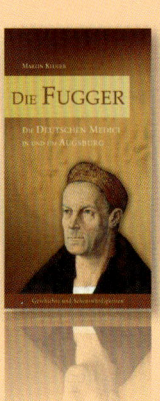

context
medien und
verlag

Noch mehr Buch: www.context-mv.de

DIE GUTE FEE

RUND UM DIE UHR FÜR SIE UND IHRE WÜNSCHE IM EINSATZ.

PROFITIEREN SIE VON IBIS:

- zentrale Lage beider Hotels
- komfortable Zimmer zum besten Preis-Leistungs-Verhältnis
- Frühstück von 4 Uhr früh bis 12 Uhr mittags
- W-LAN und iPoint in der Lobby

Ibis Hotels gibt es 2x in Augsburg

- **Ibis Augsburg beim Hauptbahnhof**
Halderstraße 25, 86150 Augsburg, Tel. 0821/501 60
- **Ibis Augsburg beim Königsplatz**
Hermanstraße 25, 86150 Augsburg, Tel. 0821/503 10

Hotels wie ich sie liebe

Buchen Sie direkt im Hotel oder unter: **ibishotel.com**